El Principio KICS Principle

Keep It Competitive, Stupid

www.positioning.ws

¡Un antídoto para la miopía que limita la competitividad!

Raúl Peralba – Ralph Whitestone (*)

(*) Ver reseña y nota aclaratoria en última página.

2ª Edición Junio 2019
Amazon-USA

1ª Edición Mayo 2012. (Ediciones Urano-Empresa Activa; España)
ISBN:9781073049813.
Depósito Legal: B-13960-2012

CONTENIDO

Advertencias y solicitudes al lector

Estimado Lector:

- Este no es un libro de autoayuda, como los que están de moda en los últimos años. Libros que parecen interesantes y profundos, pero que en la práctica no son tan útiles como muchos esperan.
- Nuestro objetivo fundamental, más que dar soluciones específicas, es que los lectores reflexionen, que analicen si lo están haciendo bien y puedan tomar medidas adecuadas para corregir" la miopía", si la sufren, cuyo antídoto es el Principio KICS.
- Hablando en términos culinarios, no tratamos de dar recetas específicas, intentamos explicar las bases de un estilo de cocina, por ej. la "cocina mediterránea". Si la cena será carne, pescado, verdura o pasta, dependerá de los medios y habilidad que tenga cada uno en su cocina.
- Al leer este libro deberá hacer un esfuerzo de imaginación y extrapolar a su propia situación los conceptos generales que se exponen.
- Muchos de los ejemplos que se utilizan para fijar ideas son de grandes empresas, es para ahorrar explicaciones. Todos conocemos a Coca-Cola, Zara o Toyota, no hay que explicar quiénes son, ni qué hacen. Pero lo que se dice sobre ellas es aplicable casi a cualquier empresa, institución, lugar o persona, de cualquier actividad y tamaño, en cualquier parte del mundo.
- El contenido de este libro, creemos que será útil siempre que se promuevan intercambios entre personas en entornos competitivos.
- El posicionamiento, que es un soporte básico del Principio KICS, es algo mucho más serio de lo que muchos piensan; es la estrategia competitiva más eficaz en entornos hipercompetitivos.

Por favor, estimado lector, lea con atención, aunque todo le parezca muy simple es mucho más importante de lo que muchos creen. Ya lo decía don Miguel de Unamuno (1864-1936): "La falta de sencillez lo estropea todo", incluso la capacidad competitiva...

"Los" Autores

Presentación del Principio KICS

El ingeniero aeronáutico Clarence "Kelly" Leonard Johnson fue un verdadero innovador en la industria aeroespacial. Trabajó muchos años en la empresa Lockheed Skunk Works y fue conocido por su capacidad en la organización y puesta en marcha de temas muy complejos. Cuentan que una de sus grandes habilidades era desmenuzar los problemas y simplificarlos de tal forma que quienes participaban en sus proyectos lo tenían todo muy claro. Es decir, recomendaba los desarrollos sencillos, comprensibles y con errores de fácil detección y corrección, rechazando lo complicado y enmarañado.

Según cuentan, su obsesión por simplificar le llevó a crear la frase "Keep It Simple, Stupid" para arengar a sus colaboradores. Una frase que se hizo famosa en los años sesenta por la participación de Kelly en el proyecto Apolo. Luego derivó en un acrónimo que terminó conociéndose como el Principio KISS, en inglés The KISS Principle. Y dado que "kiss" en ese idioma significa beso, el acrónimo es fácil de recordar, suena bien y se ha popularizado.

«Mantenlo simple, estúpido», sería la traducción literal. Aunque stupid tiene una connotación menos fuerte que en español estúpido. Pues bien, lo de ser simple no es una cualidad de los seres humanos, tal vez por eso Johnson lo hizo su lema. Esta frase la puso otra vez de moda Bill Clinton que en una de sus campañas acuñó aquello de "It's the economy, stupid".

Una tecnología en constante desarrollo, unas comunicaciones instantáneas, una economía globalizada, el ritmo de los negocios que se acelera sin parar y una vida muy estresada han dado lugar a un entorno que está confundiendo las mentes de las personas y nos aleja de lo básico. Ya lo decía Abraham Lincoln: "Para decidir sobre asuntos esenciales se debe utilizar el lenguaje simple, la lógica y el sentido común; y establecer un plan de acción concreto".

No es extraño que haya cada vez más personas que van de gurú en gurú buscando consejos mágicos que les resuelvan sus problemas. Tampoco llama la atención que haya tantas personas que vuelven a la universidad o leen todos los libros posibles de autoayuda buscando recetas salvadoras e intentando encontrar un modelo eficaz que les lleve a alcanzar el éxito en su vida. (Lamentablemente tampoco faltan quienes se aprovechan de ellos...)

Bien, amigas y amigos lectores, la vida profesional es mucho más sencilla de lo que muchos creen. Lo que pasa es que hay demasiada gente dedicada a complicarla, enmarañarla. La forma de sobrevivir en esta "epidemia" es ser simple. Es así de fácil, y de difícil, solo se trata de simplificar las cosas. Es decir, simplificar lo complejo y, sobre todo, no complicar lo simple.

Si se estudia la evolución de la humanidad, puede parecer que antes, en un mundo menos complejo, las cosas eran más simples. Sin embargo, no ha sido así, siempre han existido los "profesionales de la complicación".

Sobre este fenómeno publicamos un libro (*El Poder de lo Simple*- Ver Bibliografía), con la intención de aportar reflexiones para ser menos complicados, usar el sentido común y centrarse en lo esencial. Es una guía para eliminar lo absurdo, ser menos complicados y así más eficaces.

Pues bien, después de más de casi treinta años dedicados a colaborar con empresas e instituciones de todos los tamaños, sectores, filosofías y actividades en muchos países del mundo, enfocando con esta perspectiva sus problemas, nos hemos dado cuenta que los responsables de la estrategia competitiva incumplen el principio KISS. Incluso lo contradicen. En lugar de simplificar, complican para que parezca más interesante.

Esta experiencia nos ha producido una cierta "catarsis" y vemos con claridad que lo de ser simple está muy relacionado con ser competitivo. Si los clientes potenciales, o aquellos a los que queremos convencer de algo, "no entienden lo que les ofrecemos" le compran a otro y nosotros perdemos la oportunidad.

De allí la idea de plantear un nuevo principio emulando el de Kelly Johnson: *The KICS Principle* (*Keep it Competitive, Stupid*).

Tal vez lo que ocurre es que en español se confunde el significado de la palabra "competitividad". Dice el diccionario de la RAE (Real Academia Española), el DRAE, que competitividad es la capacidad de "competir". Pero "competir" tiene dos acepciones: una es "contender varios, aspirando con empeño a una misma cosa"; la otra es "igualar una cosa a otra en la perfección o en las cualidades". Aquí hay que hablar de la primera, pero, en general, los analistas se quedan en la segunda. Esto les produce una miopía, lo que según el DRAE, además de un defecto de visión, "cortedad de alcances o de miras".

Muchos de los que se llaman "expertos" en competitividad se quedan a mitad de camino, es decir, son cortos de alcance de miras, o sea miopes.

La competitividad es algo más que la eficiencia (productividad) y eficacia operativa (buen producto, precio adecuado, distribución eficaz). En un mundo con exceso de ofertas, en el que "todo el mundo va detrás de los clientes de todo el mundo por todo el mundo", con una tecnología que se ha democratizado y está al alcance de todos, hace falta "algo más" que hacer las cosas bien.

Por ejemplo, supongamos que las empresas españolas lograran producir equipos industriales con la misma eficiencia que las alemanas, conseguirlo es solo cuestión de dinero para comprar tecnologías, maquinaria y contratar a los mejores,¿seríamos igual de competitivos?. Si esto fuera cierto, una fábrica de un país subdesarrollado, por ej., Nigeria, que pudiera fabricar el "mejor" televisor lo vendería más que el de Sony o Philips. No; ¡no es así!

Ese "algo más" es lo que limita la competitividad de muchas empresas grandes y pequeñas. La competitividad es el resultado de la suma de dos variables: la "eficacia operativa" y la "diferenciación percibida", la imagen que se transmite. Y lo que no parecen llegar a entender los analistas miopes es que para los compradores la imagen que perciben es su "realidad" que, naturalmente, luego debe ser confirmada con productos o servicios que satisfagan sus expectativas. Se preocupan poco del segundo componente de la competitividad; no logran crear percepciones en la mente de los clientes actuales y potenciales que diferencien y hagan preferidas sus ofertas antes que las de los competidores. Una "miopía" que, como se explica en este libro, siempre ha sufrido el profesor Michael Porter.

Y por más que se empeñen algunos, la solución para ser más competitivos no es ser más baratos. Bajar el precio conduce generalmente a que todo el mundo lo baje y a que el producto termine siendo un commodity (que solo se diferencia por precio), salvo que haya razones importantes que hagan que el cliente entienda por qué el precio es más bajo (como es el caso de compañías aéreas de bajo coste).

Lo verdaderamente inteligente es lograr vender a precios más altos. Los ejemplos están claros: Apple, Nike, BMW, Louis Vuitton o Porsche y Ferrari. Ser competitivo es, en la acepción que nos interesa, "contender con más habilidad que los otros que aspiran con empeño a la misma cosa" (sic. DRAE), esto es, a los clientes, usuarios o seguidores actuales y potenciales.

Así pues, no se trata de ser "competentes", de hacer las cosas bien y a un precio adecuado, se trata de ser "competitivos", hacerlo bien y ser más atractivos que otros para los clientes que queremos conquistar.

La única forma de competir en un mundo saturado de ofertas de todas partes, de productos técnicamente iguales, es descubrir cuál puede ser la idea que nos diferencie en la mente de los clientes, que les haga percibir que nuestra propuesta es mejor que la de los competidores. "Diferenciación", esa es la clave.

De allí la necesidad de entender un concepto tan importante como la competitividad y la manera de alcanzarla y mantenerla.

A esto se refiere el Principio KICS y a esto está dedicado este libro. Un libro que más que de autoayuda es de reflexión, para que cada uno encuentre la forma de ser y mantenerse competitivo. Volviendo a la comparación con la cocina, podemos tener muchas recetas del chef más famoso, pero lo que cenaremos dependerá de nuestra propia habilidad, de cómo esté equipada nuestra cocina y de qué tengamos en la despensa.

Conscientes de nuestras limitaciones académicas, pero con un bagaje de experiencias prácticas, hacemos el intento de emprender una embestida contra los "molinos de viento" de la complejidad y la falta de competitividad. Un monstruo mucho más real que el que veía Don Quijote y que arrastra a mucha gente en su vida profesional hacia el abismo de la confusión, la inoperancia y, sobre todo, la frustración y el fracaso.

Si no se entiende y se respeta este Principio KICS, los días de cualquiera que quiera promover productos, servicios, ideas o personas en este mundo este mundo global y super-hiper competitivo están contados.

Hay tres tipos de personas:
las que se preguntan qué ha ocurrido,
las que observan cómo ocurren las cosas y
las que hacen que ocurran las cosas.

Hay que intentar ser alguien del tercer grupo...

Si este libro ayuda a los lectores para que su actividad sea más eficaz, nos daremos por satisfechos.

Es cuestión de que cada uno ponga la voluntad necesaria, por "nuestra" parte les deseamos ¡mucha suerte!

Raúl Peralba **Ralph Whitestone**

International Strategic Thinkers.

PARTE I
LOS FUNDAMENTOS DEL PRINCIPIO KICS.

Capítulo 1
La "Miopía" a Corregir.

Sin cliente no hay negocio.
Peter Drucker

De qué trata este libro

En este primer punto del Capítulo 1 es conveniente enfocar y caracterizar el contenido del libro, que va detrás, y su objetivo como "antídoto" de un problema poco entendido que limita la competitividad en nuestros días.

A lo largo del libro se analizarán asuntos prácticos y, sobretodo, pragmáticos (no teóricos, especulativos o esotéricos) relacionados con "ocupaciones de interés que tienen como objetivo producir intercambios". Se trata de "ocupaciones" beneficiosas" para quien las desarrolla, siempre con planteamientos "win-win", y que lo que ofrece es bueno para aquellos a los que se pretende convencer, incluso mejor que lo que puedan ofrecerles otros que les proponen lo mismo o algo parecido.

Siendo más precisos es lo que en español se conoce como:

- *Negocio*. (Del lat. negotĭum).
  1. m. Ocupación, quehacer o trabajo.
  2. m. Dependencia, pretensión, tratado o agencia.
  3. m. Aquello que es objeto o materia de una ocupación lucrativa o de interés.
  4. m. Acción y efecto de negociar.
  5. m. Utilidad o interés que se logra en lo que se trata, comercia o pretende.

Es decir, de "no-ocio"; estar ocupado en algo productivo.

En inglés el significado es el mismo; pero visto de la perspectiva contraria. No se trata de "no-ocio"; si no alcanzar un estado de mucha ocupación. "Busy" significa "activamente y atentamente ocupado en algo", trabajo o pasatiempo. "Lleno de" o caracterizado por una actividad". Su origen parece ser la palabra con el mismo significado "besich" en Alemán o "bezig" en Holandés

El sufijo "-ness" adjunto a adjetivos o participativos forman sustantivos abstractos que denotan cualidad o estado y, a veces por extensión, algo ejemplificador de cualidad o estado. Algunos ejemplos son happpiness (felicidad) wealthness (riqueza), darkness (oscuridad); goodness (bondad); kindness (amabilidad). En todos los casos el sufijo "ness" agrega cantidad o calidad al sustantivo que va de prefijo.

Así pues, este libro analiza ocupaciones lucrativas o de interés, en un sentido amplio, y propone métodos y procesos para ayudar a que los resultados seae exitosos. Desde intercambiar productos y servicios por dinero (que es lo común cuando se usa esa palabra) o para que quienes nos escuchen nos den la razón y hagan lo que proponemos desde darnos su voto, o abrazar una fe religiosa, hasta lograr la preferencia a nivel personal en lo afectivo (conseguir novia o novio) o lo profesional (un ascenso o aumento de sueldo). Siempre con el mismo objetivo final; que sea a nosotros a quien hagan caso...

Nota: Por "producto" se entiende productos físicos, servicios, ideas que ofrezcan empresas o instituciones (desde partidos políticos a organizaciones religiosas); países o ciudades o pueblos o regiones, y/o personas físicas.

Evidentemente lo clásico de este análisis son los negocios convencionales, los que promueven empresas o instituciones. En el mundo empresarial quien lo ha explicado más claro es el creador de Microsoft, Bill Gates (1955-), que lo define de la siguiente manera: "Hacer negocios es simple, consiste en vender más de lo que gastas, invertir un poco y que todavía quede algo de dinero". De esta definición queda muy claro que lo fundamental es "vender más de lo que gastas". ¡Si no se vende, y se cobra, el negocio no tiene ningún futuro!

La "venta", es decir que el "cliente", al que hemos dirigido nuestros esfuerzos, incline su decisión a nuestro favor, es lo único que nos da el éxito. Sin ese acto final todo lo que se haya hecho queda en un nivel solo teórico o especulativo, precisamente lo que este libro no quiere ser.

Un nuevo "escenario"

Teniendo en cuenta que de lo que se trata es de cómo lograr algo a lo que también aspiran otros (siempre respetando las reglas y el "fair play"...) será útil y práctico recurrir a los que saben mucho de esto, los militares. Son quienes desde tiempos inmemoriales se han dedicado a ocupar espacios que controlan, o quieren controlar, otros. Decía el General Karl Von Clausewitz

(1780-1831), reconocido estratega militar prusiano y autor del manual sobre estrategia militar más famoso y utilizado en las escuelas de estado mayor, "La guerra es una forma de relación humana. La guerra no pertenece al campo de las artes o de las ciencias, sino al de la existencia social. Es un conflicto de grandes intereses. Sería mejor si en vez de compararlo con cualquier otro arte, lo compráramos al comercio que es también un conflicto de intereses y actividades humanas. Y se parece mucho más a la política; la que, a su vez, puede ser considerada una especie de comercio a gran escala"

Los militares saben muy bien que la ventaja principal la da el tamaño; pero, para compensar, cuando no son los más grandes, han desarrollado "tácticas" (para ganar batallas) y "estrategia" (para ganar la guerra). Siempre hay una forma inteligente, si despistamos al enemigo, de ganarle una batalla o, incluso la guerra, aunque seamos más pequeños (Ver Capítulo 3). Como decía Napoleón Bonaparte (1769-1821) "Hay que provocar el enfrentamiento en el punto en el que se tiene superioridad numérica".

Pues bien, los militares, maestros en el desarrollo de planes para defender, si son atacados, o para atacar si quieren ampliar sus dominios; hablan del "teatro de operaciones" y del "escenario". El primero es "un área geográfica específica en la cual se desarrolla un conflicto armado". Pero el "escenario" es esa área más el "conjunto de circunstancias" que rodean el suceso. No es lo mismo una batalla en alta mar en un día soleado, con la mar, en calma que en medio de una tormenta de olas, luvia y viento.

Aplicados estos conceptos al tema que nos ocupa puede que el "teatro" en el que intentamos promover intercambios se repita o sea muy parecido; pero las circunstancias, el "escenario", en el mundo que nos ha tocado vivir, cambian cada vez más rápido y, cada vez, son más impredecibles; por eso entenderlas, aceptarlas y adaptarse es más necesario que nunca.

Las cosas no son tan evidentes...

Aunque el profesor John A. Howard (1939-), de la Universidad de Columbia, en Nueva York, lo usa como la definición del marketing clásico, podría ser la descripción del proceso de puesta en marcha de un negocio. Así, el profesor Howard, dice que son cinco pasos:

i.- Identificar necesidades y deseos de los clientes potenciales.

ii.- Definir soluciones a partir de las necesidades identificadas en función de la capacidad disponible.

iii.- Trasmitir la propuesta a quienes tienen el poder de decisión dentro de la empresa o el grupo (a veces esta es la labor más difícil).

iv.- A partir de los recursos asignados, diseñar una oferta concreta y clara que se adecue a aquellas necesidades identificadas.

v.- Comunicar la oferta de forma eficaz a los clientes potenciales.

Nota: "clientes" se refiere a todas aquellas personas físicas y jurídicas susceptibles de interesarse en hacer lo que se les propone, comprar un producto o servicio o adoptar una idea

Pero, en nuestros días, las cosas no son tan simples... Supongamos que una de las multinacionales europeas más importantes del sector del automóvil hubiera llevado a cabo en el año 2000 un estudio para identificar un tipo de automóvil con posibilidades de éxito en los albores del siglo XXI.

Es evidente que, por ser un producto que implica una inversión significativa, el objetivo debía ser "mercados con alto poder adquisitivo", allí es donde está el dinero, por ejemplo, la propia Europa. Lo primero hubiera sido estudiar los hábitos de los conductores. Era clara la tendencia de los europeos a vivir en ciudades medias cada día más dispersas, con barrios aledaños de casas de apartamentos con zonas comunes, chalets adosados o unifamiliares. Es decir, un coche con un éxito "asegurado" debía de ser lo que se podría llamar un "coche urbano". Si se hubiera preguntado a los usuarios potenciales por las características que debía tener un coche urbano, seguramente un porcentaje alto de las respuestas hubiera mencionado las siguientes:

- pequeño
- cómodo
- maniobrable
- económico (bajo consumo)
- para dos o tres pasajeros (los recorridos urbanos son cortos)

De ese análisis hubiera nacido algo parecido al Smart. Un vehículo que sin que se hubiera hecho este estudio (que se sepa) fue promovido por el creador de los relojes Swatch, Nicolas Hayek (1928-2010). Finalmente lo ha fabricado nada menos que el grupo Mercedes Benz. Sin embargo, la apuesta no ha dado los resultados esperados y ha estado al borde del fracaso. Seguramente, más por falta de sentido común y estrategia de comunicación en el plan de lanzamiento, que por razones de utilidad del producto.

¿Por qué un producto tan claramente necesario y útil según las opiniones de los usuarios potenciales no tiene éxito?

Hay dos problemas básicos en la aplicación del método del profesor Howard. El primero es que vivimos en un mundo en el que la tecnología se ha democratizado. Cualquiera, en cualquier lugar, puede llegar a la misma solución, y hacerla realidad con productos exactamente iguales. Así si otra empresa del sector se hubiera planteado un nuevo vehículo para el mismo mercado y hubiera hecho un estudio similar entre los conductores, seguramente habría llegado a un resultado parecido. De hecho, al poco tiempo de presentarse el Smart, Nissan anunció el lanzamiento del Hypermini, un vehículo urbano cuya forma y prestaciones era prácticamente igual. Es evidente que, con los mismos recursos tecnológicos e industriales, las soluciones son las mismas. No llegaron a comercializarlo viendo que el Smart no había entusiasmado como se esperaba. Más tarde Toyota también intentó algo parecido con su modelo IQ que tampoco ha sido un éxito de ventas y en 2014 lo retiraron.

El segundo problema en la definición de Howard es que, en general, la intención que manifiestan los clientes potenciales, cuando se les pregunta, no siempre coincide con su comportamiento posterior. Así ha resultado que en estos primeros años del nuevo siglo el coche preferido para uso urbano ha sido lo contrario de lo que decían desear los consultados. Son coches muy grandes, no pequeños, más bien incómodos de circular, no cómodos, difícilmente maniobrables, lo contrario a económicos, y con capacidad para cinco o siete pasajeros. Son vehículos preparados para cruzar ríos y subir montañas que, en la realidad, casi nunca en su vida útil abandonan las ciudades o las carreteras asfaltadas. Son los todoterreno o los 4x4. Hay que ser un gran aficionado al aire libre, caza o pesca, para conducir un coche de más de cuarenta mil euros o dólares por el campo donde se ensucia y se llena de raspones...Vehículos que se han transformado en "fortalezas con ruedas", útiles para circular en los entornos inhóspitos y agresivos como son las ciudades de hoy.

¿Qué sentido tiene un 4x4 en zonas urbanas? Cuando se hace esta pregunta a sus conductores, la respuesta suele ser "Nunca se sabe qué puede ocurrir...", les hace falta una coartada para justificar la compra. En realidad, han creado una nueva percepción de lo que se entiende por un coche "seguro" para la familia y uno mismo.

Tal vez por eso finalmente los fabricantes han adoptado la forma y se ahorran la doble tracción ofreciendo vehículos de todos los tamaños conocidos como SUV.

Pero este desconcierto no solamente se produce en el mundo del automóvil. Si hablamos de alimentación es seguro que la mayoría de personas en países ricos dirían que están interesados en alimentos ecológicos, sanos y dietéticos a precios razonables. Sin embargo, si ha tenido éxito un helado con un nombre rarísimo, Häagen-Dazs, con mucha crema, el doble de calorías; pero, eso sí, con nueces de macadamia. Un producto desconocido hasta que habló de él la publicidad de Häagen-Dazs. Lo presentó con tantas cualidades que son muchos los que utilizan esta razón y justifican cometer un pecado de gula pagando el doble o más que un helado normal.

Como decía el general George Patton (1885- 1945), héroe americano de la II Guerra Mundial, "Un plan debe adaptarse a las circunstancias y no intentar que las circunstancias se adapten al plan".

Las circunstancias son otras, han cambiado...

La "miopía"

Es curioso que, con lo simples, claras y de sentido común que resultan estas reflexiones haya muchos que no lo entienden, no lo ven o se les olvida. Lo frustrante es que no las aplican...Probablemente sea consecuencia de una característica propia de los seres humanos, resultado de nuestra propia inseguridad y de buscar siempre el camino del menor esfuerzo. Es mucho más fácil decidir y controlar lo propio que influir en los demás para que hagan lo que nos interesa a nosotros.

Por eso, los directivos y/o responsables de empresas e instituciones y gobiernos se vuelcan mucho más en preocuparse por lo interno que por lo externo. Lo interno (suministros, producción, personal, costes, finanzas, etc.) lo pueden controlar casi a voluntad. Lo externo, si se va a vender o no, no depende directamente de ellos. Si bien pueden, incluso deben, influir; la decisión final es de los clientes. Son los que dan o quitan el mérito, si compran o no y, por tanto, si hacen de la oferta un éxito o un fracaso. Siempre en base a sus propios criterios. Por lo que, y como se explica más adelante, quien ofrece tiene necesariamente que adaptarse a esas circunstancias, como dijo el General Patton.

Se trata de una cortedad de alcances o de miras en la verdadera dimensión de problema. Es como una "miopía" que hay que corregir. Ya hace casi cincuenta años que el profesor de la Harvard Business School, Theodore Levitt (1925- 2006), escribió un artículo que fue famoso por lo contundente. Se refería a la gravedad de otra "miopía", la que sufrieron muchos empresarios y directivos durante la primera parte del siglo XX. Las grandes corporaciones que habían iniciado negocios gigantescos se dedicaron mucho más a la gestión de sus infraestructuras que a evolucionar de acuerdo a las tecnologías disponibles y las demandas de los clientes.

El ejemplo más claro que usaba eran los ferrocarriles. Habían estado tan ocupados gestionando las redes y el material rodante, que se les olvidó la base de su negocio: el transporte de personas y mercancías a largas distancias. Por eso, a pesar de que el objetivo del negocio era el mismo, ninguna de esas corporaciones entró en el transporte por autobús y camiones, que se desarrolló con la mejora de las carreteras, ni participó en empresas de aviación comercial. El "mismo producto", con unas posibilidades mucho más amplias y muy complementario del ferrocarril.

La razón de la "miopía"

Como se ha dicho, es mucho más fácil y cómodo ocuparse de lo propio, pues puede controlarse, que de lo que otros deciden, que no está bajo nuestro control directo. Como en la vida personal, nos sentimos más seguros haciendo lo que podemos controlar, pero los resultados no son los mismos. Es más cómodo actuar de "adentro hacia fuera", hacer lo que nos parece a nosotros que de "afuera hacia adentro"; es decir actuar logrando que los demás hagan lo que nosotros pretendemos.

En los últimos años lo ha caracterizado muy bien el Dr. Daniel Goleman (1947) en su teoría de la "inteligencia emocional". No se triunfa por ser sólo más inteligente o estar más informado y hacer las cosas bien. Hace falta algo más para destacar y triunfar en un grupo o una organización. Triunfan los que siendo suficientemente inteligentes e informados son capaces de lograr la empatía con los otros seres humanos que les rodean, tener la habilidad de identificarse con ellos y compartir sus sentimientos en cada momento. Esto puede perfectamente hacerse extensible al mundo de los negocios, especialmente cuando hablamos de intercambiar "productos" o ideas por otras cosas, por ejemplo, dinero o votos. Hay que lograr que la oferta que hagamos sea empática con los "clientes"[i].

Pero hasta hace unos pocos años, las cosas han funcionado sin mayores problemas. Desde los inicios de la humanidad hasta hace un tiempo, los que ofrecían algo que los demás no tenían y podían necesitar o desear eran los que controlaban la situación.

En mercados insatisfechos, con muchas necesidades o deseos primarios pendientes de resolver, todo el mundo estaba ávido de una oportunidad para intercambiar su dinero o recursos por algo que le hiciera falta. Todo venía bien, cualquier cosa que se ofreciera alguien la "compraba". Por estos motivos, se ha ido generando una costumbre de "si es bueno todo se vende" que aún permanece y que es la causa de esa "miopía" que hay que curar.

En las empresas y las instituciones, públicas y privadas, locales, nacionales, internacionales o multilaterales, incluso en las universales (como por ejemplo la Iglesia Católica), aún se razona y planifica de "adentro hacia fuera". Como si fuera dentro donde se pudiera decidir lo que deben y han de hacer los que está fuera, los "clientes".

Son sus directivos los que quieren tener la capacidad de decisión. Pero esto ya no es así y no lo será nunca más. Son los que van a intercambiar sus recursos o capacidades por los productos, servicios o ideas, los que controlan el intercambio. Actualizando a Patton, se podría decir: "Hay que adaptarse a un nuevo entorno de nuevas circunstancias y aceptar las cosas como son."

Orientarse al cliente es necesario; pero no es suficiente...

El paradigma de este mundo empresarial de los mercados y el consumo ha sido, de alguna manera, Henry Ford (1843-1947). Fue una época en la que lo único importante era un buen plan de producción que permitiera fabricar algún producto útil o necesario. La calidad no era lo importante, el precio sí.

No importaba qué se fabricara. Los mercados estaban ávidos de nuevos productos con un sin fin de necesidades insatisfechas. Cualquier cosa que se les ofreciera la compraban si tenían dinero suficiente para pagarla. Ese fue el éxito del Ford T, un coche de veinte caballos, que podía circular a 70 km por hora, que sólo necesitaba un conductor y combustible y del que se llegaron a vender más de quince millones de unidades, algo que muy pocos modelos han logrado. Costaba 360 dólares, una cifra que significaba entre seis y ocho meses del salario medio de la época en EE.UU., parecido a lo que nos cuesta hoy un coche medido en días de trabajo. Algo que millones de personas pudieron permitirse. La fuerza de Ford era tan grande que él decidía qué había que comprarle. Es famosa su frase "«cualquier cliente puede tener el coche del color que quiera siempre y cuando sea negro»; pues el negro era el color que tenía el tiempo de secado más corto y era el que convenía a su cadena de montaje.

La perspectiva comenzó a cambiar poco a poco. En 1911 la editorial de Filadelfia, EE.UU., Curtis Publishing Co., encargó a uno de sus gerentes realizar lo que fue, tal vez, la primera investigación de mercado para conocer los gustos de los lectores y ofrecer servicios que encajaran mejor en lo que ellos querían.

En 1927 Procter & Gamble introdujo el sistema de gerencia de producto y comienza una forma de gestión basada en una marca corporativa y marcas específicas por líneas de producto, buscando ser siempre la marca número uno o dos en cada categoría. Si cae al tercer puesto la marca se vende (Una estrategia que esta empresa aún mantiene). Investigaron la reacción de los clientes y cuanto se adecuaba el producto y su presentación a sus necesidades y/o deseos. Se podría decir que en esa época nació lo que mucho después el Prof. Philip Kotler bautizó como "marketing" en su libro Marketing *Management* (primera edición en 1967). Fue el comienzo de la "orientación al cliente". Bastaba con ofrecer una solución acertada a las necesidades y deseos de los clientes y el éxito estaba asegurado. Eran las empresas las que decidían qué, cómo, cuándo y a qué precio.

Hasta principios de los años ochenta la capacidad competitiva, basada en la "orientación al cliente" funciono y fue una clara cuestión de "músculos", es decir de dinero. Programas de "I+D", innovación adecuada y muchos recursos para la comunicación masiva, con ello se aseguraba el éxito inmediato que se podía mantener mucho tiempo.

Hay que entender y respetar a los "clientes"

Los clientes potenciales tienen sus necesidades primarias ya resueltas y han comenzado a dosificar sus necesidades y deseos. No nos necesitan para nada, pueden vivir sin nosotros. Y los clientes son como son, no como nos gustaría que fueran. Hay que respetarlos y aceptarlos. Entre otras razones porque son ellos los que "pagan las facturas" y por tanto, nuestro salario o nuestro beneficio, según seamos empleados o dueños del negocio. Por eso compran los vehículos todoterreno para la ciudad y comen helados con mucha nata, aunque estén a dieta.

¿Qué se puede hacer? ¿Cómo enfrentarse a lo impredecible? Lo primero es echar mano de las tendencias; pero las reales. El peligro es la predisposición a extrapolar y a sacar demasiadas conclusiones con criterios propios sobre dónde llegarán esas tendencias.

Planificar siempre ha sido un riesgo. Desde un viaje a una carrera profesional. La existencia de variables externas que no se controlan condiciona los resultados finales de cualquier plan.

Lo curioso es cómo en un mundo que cambia a velocidad de vértigo, resulta que en los de planes estratégicos se especula sobre el futuro, basándose en que han hecho los mercados en el pasado.

Aunque asumir que todo seguirá igual es tan malo como interpretar mal las tendencias o confiarse demasiado en ellas. Recuerden el famoso principio de: "Siempre sucede lo inesperado". ¡Mucho cuidado! Lo de analizar tendencias puede ser útil, pero las investigaciones de mercado clásicas pueden ser más un problema que una ayuda. Las ideas y conceptos nuevos son casi imposibles de medir. Nadie tiene el marco de referencia para saber cómo reaccionarán los clientes potenciales a un tema nuevo.

Hablando de productos nuevos, Michael Hammer (1948-) y James Champy (1945-) dicen en su libro *Reingeniería;* "La investigación de mercado hecha para un producto que todavía no existe, no sirve para nada". Si se hubieran aceptado los resultados de las investigaciones de mercado, la xerografía y el "walkman" no existirían. Tampoco los iPod o los iPad. Elaborar planes en función de lo ocurrido hasta el momento del análisis es como conducir por una carretera mirando sólo por el espejo retrovisor. Aunque muchos lo dicen, pocos lo tienen en cuenta.

El juego se ha acelerado. Hay poco tiempo para el análisis y la reflexión. Así que, ¿qué se puede hacer? ¿Cómo enfrentarse a lo impredecible?

Lo primero es estudiar muy bien el escenario. Pero cuidado, estudiar la situación, lo que la mayoría llama "investigación de mercado", es un trabajo para informarse, no para confirmar ideas preconcebidas. La objetividad es fundamental. Aunque se habla más adelante, la clave está en razonar y planificar de "afuera a adentro"; preguntando, entendiendo, respetando y utilizando lo que nos digan los clientes potenciales.

Una nota final que merece la pena mencionar: hay una diferencia entre "predecir" el futuro y "apostar" sobre el futuro. Zara "apostó" a que los jóvenes se interesarían mucho por ropa de diseño a precios asequibles. Un concepto que ahora extiende a ropa para el hogar. No ha sido mala apuesta en una sociedad donde hay que vestir a la moda; pero cambiar de modelos a menudo.

El reto es interesante y, tal vez, sea una de las cosas que más excitan cuando se trabaja en estos temas.

¡La competencia condiciona nuestros planes!

Hoy sólo tendremos éxito si ofrecemos lo que los clientes quieran comprar y los competidores nos dejen vender

Pero; ¿qué ha cambiado? Está muy claro que la relación biunívoca entre quienes ofrecen y quienes demandan ya no es el único condicionante que determina el éxito o el fracaso. Una parte fundamental de los planes estratégicos debe incorporar el análisis profundo de "La Competencia". Un problema es la poca fiabilidad que tiene la predicción de las reacciones de la competencia. Los fallos de cálculo son los responsables de muchos fracasos muy sonados.

A Alfred Sloan (1875-1966) CEO General Motors, que llegó más tarde; pero adelantó a Ford y le sacó mucha ventaja, le adjudican esta frase que parece aplicó con mucho éxito; "Si corres lo más rápido que puedas, la competencia te morderá los talones, pero si te paras te comerán..." En los años 60 GM vendía más del 50% de los automóviles en USA.

Hoy un plan estratégico debe parecerse a un plan de guerra para enfrentar al enemigo. Debe analizar con mucho detalle todas las actitudes presentes y futuras de cada uno de los competidores. Desde sus costes de fabricación y su tecnología, hasta su capacidad de producción, sus canales de distribución y su estilo de comunicación. El plan de batalla de nuestros días debe incluir una lista de fortalezas y debilidades nuestras y de los demás, así como las líneas de acción para explotarlas o defenderse de ellas.

Dice Karl von Clausewitz (1780-1831) en su libro *De la Guerra,* que sigue siendo un referente en las escuelas de estado mayor: "A partir del carácter de nuestro adversario, podremos sacar conclusiones sobre sus intenciones".

Es oportuno recordar aquí una de "Las 22 Leyes Inmutables del Marketing" de Jack Trout, Al Ries y Raúl Peralba (Ver Bibliografía): LEY XVII. LEY DE LO IMPREDECIBLE. *Salvo que podamos escribir los planes de los competidores, no se puede predecir el futuro.*

Por otro lado, la competencia ha explotado, ha perdido el miedo y aprovecha todas y cada una de las oportunidades que surgen y todas y cada una de las distracciones de aquellos con los que se disputan los clientes. Casos de distracciones hay muchos. Mientras IBM estaba ocupadísima preparando y gastando enormes cantidades de dinero en sus planes estratégicos al mejor estilo "de arriba abajo" ("top-down") o de "adentro- afuera"; Apple y Microsoft lo hacían al revés. Así los directivos de IBM estaban tan distraídos en imponer su voluntad a los compradores que ninguno tuvo la simple idea de pensar en contratar a un "chico", Bill Gates, que estaba revolucionando el mundo informático liberando el software de los propietarios del hardware. Los nuevos "invasores", con el estilo contrario de "abajo- arriba" ("bottom-up") o de "afuera- adentro" fueron rastreando de verdad los mercados, para "informarse" no para "confirmar" sus criterios, identificando los "huecos" disponibles. Cada uno fue llenando el suyo; grandes ordenadores, workstations, PCs domésticos, y los paquetes de software que cambiaron el escenario de la industria informática. Del hardware al software. Casi sin notarlo, IBM pasó de ser "todo para todos" a "casi nada para nadie". Y tuvo que reinventarse para subsistir. Se le acabaron los años en los que todos esperábamos el nuevo ordenador o el PC que IBM quisiera presentarnos. ¿Cuál sería la historia de la informática si los directivos de IBM en lugar de despreciar al "niño" Bill Gates y al "original" Steve Jobs los hubieran contratado?

Nadie puede predecir el futuro con certeza y seguir luego los planes de forma rígida, la flexibilidad es una cualidad fundamental en estas cuestiones que tienen que ver con la competitividad.

Para terminar el capítulo LEY XVI. LEY DE LA SINGULARIDAD. *En cada situación, sólo una jugada producirá resultados sustanciales.*

Los buenos generales estudian el campo de batalla y a los enemigos y se adaptan a las circunstancias. Por el contrario, muchos directivos tratan de que las circunstancias se adapten a sus planes y por supuesto, a su situación personal dentro de ellas. Los buenos generales, una vez que han estudiado el campo y al enemigo, buscan ese golpe audaz que suele ser el menos esperado por sus contrarios. Es lo que los estrategas militares conocen como la "línea menos esperada". Así; una vez identificado al competidor sólo suele haber un punto donde es vulnerable. Allí es donde hay que concentrar toda la fuerza invasora. Lo que funciona es lo inesperado.

Comentario Final 1
Algo ha cambiado, ¿se ha enterado?

Capítulo 2
LA COMPETENCIA COMPETENTE

Gestión es hacer las cosas bien,
liderazgo es hacer las cosas.
Peter Drucker

La Competencia: definición básica

Si de lo que se trata es de "competir" conviene también acotar el término. En español la palabra "competencia" tiene un problema de falta de precisión.

Según la RAE tiene dos posiciones que ella misma separa:

- *competencia* 1. (Del lat. competentia; cf. competir).
  1. f. Disputa o contienda entre dos o más personas sobre algo.
  2. f. Oposición o rivalidad entre dos o más que aspiran a obtener la misma cosa.
  3. f. Situación de empresas que rivalizan en un mercado ofreciendo o demandando un mismo producto o servicio.
  4. f. Persona o grupo rival. Se ha pasado a LA competencia.
  5. f. Am. Competición deportiva.

- *competencia* 2. (Del lat. competentia; cf. competente).
  1. f. incumbencia.
  2. f. Pericia, aptitud, idoneidad para hacer algo o intervenir en un asunto determinado.
  3. f. Atribución legítima a un juez u otra autoridad para el conocimiento o resolución de un asunto.

En principio es bastante común que estos significados se confundan. Es algo que no ocurre en Inglés ya que hay dos términos, "competence" (Tambien "competency"; the ability to do something well or an important skill that is needed to do a job -Sic Cambridge Dictionary) y "competition" (a situation in which someone is trying to win something or be more successful than someone else-Sic Cambridge Dictionary)

Por tanto, cuando se habla de "competencia" en español; mucha gente habla más de "incumbencia" o "pericia" que de "rivalidad".

Esta es la "miopía" que se quiere combatir y cuyo antídoto pretende ser este libro.

Michael Porter: Un enfoque "miope"

Sin ninguna duda la contribución del profesor Michael Porter (1947-) a finales de los años 70 fue muy importante. Se puede decir que fue el primero que caracterizó de una forma clara y completa cinco fuerzas competitivas que condicionan la supervivencia de las empresas. Por si no las recuerda estimado lector, son:

- La rivalidad entre competidores existentes en un entorno determinado.
- La amenaza de nuevos competidores que se instalen en ese entorno.
- La amenaza de productos y/o servicios sustitutivos que atraigan a nuestros clientes.
- El poder de negociación de los proveedores, que condicionan el proceso productivo.
- El poder de negociación de los clientes, directos o indirectos (a través de los distribuidores) porque son ellos los que deciden qué compran, cómo, cuándo y cuánto pagan por los productos o servicios que les ofrecen.

Ante estas fuerzas competitivas, Porter definió tres estrategias generales:

1. Liderazgo en costes: ser el que produce con el coste más bajo da muchas ventajas.
2. Diferenciación: intentar hacer algo único en algunos aspectos especialmente valorados por los compradores.
3. Enfoque: tratar de ser el mejor para un segmento del mercado concreto; conviene concentrar los esfuerzos.

Realmente, el profesor Porter, probablemente por su perfil académico, más teórico que realista, práctico y pragmático, no ha terminado de entender la nueva situación. Sufre la "miopía" que este libro trata de poner en evidencia.

Cuando habla de diferenciación se refiere a las características objetivas y mensurables del "producto" en sí, no a cómo lo perciben o lo entienden los clientes. En su libro explica que "una empresa, sólo puede obtener mejores resultados que sus rivales si consigue establecer una diferencia que pueda mantener". Agrega que, "debe ofrecer un valor mayor a sus clientes o un valor igual a un coste inferior, o ambas cosas". A partir de ese punto, entra en funcionamiento la aritmética de la mayor productividad o, como la llama el mismo Porter, la "eficacia operativa", es decir la "eficiencia".

Pero este planteamiento ha perdido validez. En un mundo en el que la tecnología se ha "democratizado" y está al alcance de muchos en muchos sitios, la diferencia medida con referencias objetivas ha perdido influencia.

Hace años la calidad de los productos y servicios dependía fundamentalmente de los recursos humanos y técnicos de los que se disponía.

Los motores de Daimler-Benz tenían una duración mucho mayor que los de otras marcas porque los operarios que mecanizaban sus componentes en la propia fábrica automotriz, estaban más capacitados y eran más hábiles. En nuestros días, esta diferencia se reduce a un problema de recursos económicos y costes. La mecanización no depende de la habilidad personal de los operarios que manejan las máquinas, son equipos informáticos los que, una vez que hayan sido debidamente programados, hacen el trabajo con la precisión que se haya establecido, las máquinas herramientas son de control numérico, la habilidad del operario no agrega calidad.

Como ya se ha comentado, son muchos los responsables de empresas y organizaciones que se han "quedado" en la búsqueda de ventajas objetivas, resultado sólo de desarrollar la eficacia operativa para aumentar la productividad. Así pues, intentar diferenciarse a partir de especificaciones técnicas, ha pasado a ser un ejercicio prácticamente inútil.

¡Son "miopes"!

El concepto "productividad"

Más allá de hacer las "cosas bien" en los negocios hay que tener en cuenta los recursos necesarios para ello.

Se trata de ganar dinero haciendo que otros compren lo que hacemos y lo paguen a un precio superior del que nos cuesta producirlo.

Como diría Bill Gates ingresar "más de lo que nos cuesta, que podamos invertir un poco y que aún sobre algo de dinero".

Está claro que hace falta algo más que hacer las cosas bien.

El concepto "productividad", según la RAE:

-productividad.

1. f. Cualidad de productivo.
2. f. Capacidad o grado de producción por unidad de trabajo, superficie de tierra cultivada, equipo industrial, etc.
3. f. *Econ.* Relación entre lo producido y los medios empleados, tales como mano de obra, materiales, energía, etc. *La productividad de la cadena de montaje es de doce televisores por operario y hora.*

La productividad, es entendida como la relación entre lo obtenido por un sistema de producción o servicios y los recursos utilizados. El concepto incluye la relación entre los resultados y el tiempo utilizado para obtenerlos: cuanto menos tiempo lleve obtener el resultado deseado, mayor productividad.

Expresado matemáticamente:

Productividad = Producción/Recursos

En inglés la definición es prácticamente la misma.

https://dictionary.cambridge.org define **Productivity** como: *the rate at which a company or country makes goods, usually judged in connection with the number of people and the amount of materials necessary to produce the goods*

La productividad evalúa la capacidad de un sistema para generar los productos o servicios requeridos y, a la vez, el grado en que aprovechan los recursos utilizados, es decir, la relación entre recursos aportados y valor añadido. Una mayor productividad utilizando los mismos recursos o produciendo los mismos bienes o servicios resulta en una mayor rentabilidad para la empresa; pero sólo si alguien los compra. ¡No seamos "miopes"! Solo estamos a mitad de camino...

La productividad es un término que en las grandes organizaciones se aplica desde una perspectiva global. Se relacionada con la mejora continua del sistema de producción y también de gestión buscando mejorar los estándares de producción que redundan en mayor satisfacción de los clientes. Si se mejoran estos estándares, entonces hay un ahorro de recursos que se reflejan en el aumento de la utilidad, insisto, siempre que haya alguien que compre y pague...

Se puede considerar actitud mental. Busca la constante mejora de lo que existe ya. Está basada sobre la convicción de que uno puede hacer las cosas mejor hoy que ayer, y mejor mañana que hoy. Requiere esfuerzos continuados para adaptar las actividades económicas a las condiciones cambiantes y aplicar nuevas técnicas y métodos. Es la firme creencia del progreso humano.

De esta forma, algunos ven la productividad no sólo como una medida de la producción, ni de la cantidad que se ha fabricado, sino como una medida de lo bien que se han combinado y utilizado los recursos para cumplir los resultados específicos logrados. Esta definición de productividad se asocia con el logro de un producto mejor, enfocando la atención específicamente en la mejora de la calidad. ¡Esto está muy bien!

Pero eficiencia no es lo mismo que eficacia. La eficacia es alcanzar siempre el objetivo que se pretende. Hacer las cosas bien con los recursos mínimos y necesarios no garantiza la eficacia del negocio cuyo objetivo principal es "vender más de lo que gastas".

El "Benchmarking"

Un anglicismo intraducible al español, algo así como "comparativa".

Se trata de un concepto que apareció en 1982 en la Corporación Xerox como una técnica utilizada para medir el rendimiento de un sistema o componente de un sistema informático, que ahora se ha generalizado en el mundo de los negocios.

Se trata de obtener información de los competidores, analizarla y compararla con la propia. La aplicación de esta herramienta puede tener objetivos muy concretos y limitados, como es la mejora de productos y servicios, y también generales y mucho más amplios. Hay organizaciones que utilizan el "benchmarking" como un proceso integral para la mejora permanente de la gestión. En este caso se incluyen aspectos como:

- Mejoras en la planificación estratégica

- Pronósticos de tendencias más adecuadas
- Incorporación de información útil
- Análisis comparativos con otros competidores, directos o indirectos (productos, servicios, procesos...)
- Definición de objetivos más ajustados a la realidad y posibilidades.

En realidad, se trata de una técnica que se podría reducir a "busque, compare, y si encuentra algo mejor, imítelo".

Evidentemente, este sistema tiene sus ventajas porque obliga a hacer esfuerzos de superación permanentes. Es una presión constante de búsqueda de la excelencia, o, dicho de otra manera, mejora de calidad y/o especificaciones técnicas.

El peligro está en aplicar el "benchmarking" también de "adentro- afuera". Es decir, sin tener en cuenta la opinión y los intereses del cliente.

No siempre interesa un producto o servicio "excelente", depende de su aplicación. Una maquinilla de afeitar Gillette Match 3 es, sin duda, técnicamente mejor que una desechable, pero para el usuario depende del lugar y de las circunstancias.

Benchmarking sí, pero con sentido común y perspectiva de rivalidad...

Hace falta bastante más que la Competencia Competente...

La "productividad" es necesaria, pero no es suficiente.

Del mismo modo que se utiliza en demostraciones de razonamientos matemáticos, hay condiciones que son necesarias, incluso imprescindibles, pero no suficientes para garantizar que algo ocurra.

Es el caso de la "eficacia operativa" y la productividad en un entorno tecnológico cada vez más competitivo.

En realidad, cumplir con estas condiciones sólo implica uno de los dos conceptos que incluye la palabra competencia, es sólo ser competente, apto, capaz, cualificado, idóneo, eficiente, eficaz, etc.

Esto sería suficiente si el objetivo sólo fuera producir. El gran problema es que para que un negocio funcione, que tenga éxito, producir nada más es uno de los medios para alcanzar el objetivo final: "vender más de lo que gastas".

De lo que se trata es de alcanzar lo que se conoce como "mérito comercial", es decir que haya un número suficiente de personas que estén dispuestas a "comprar" por el "precio" ofrecido (en dinero, esfuerzo personal, cambio de opinión o convicciones, etc.) que nos deje un margen atractivo.

Aquí es oportuno volver a mencionar aquello de la "miopía" comentada en el capítulo anterior. Son los directivos de las empresas e instituciones los que tienen que cambiar su perspectiva.

No se trata sólo de hacer un buen producto o estructurar un buen servicio, a un coste adecuado, que esté al alcance de los clientes y que se promueva correctamente. Esto, insistimos, es imprescindible, pero hace falta algo más para que el negocio funcione.

¡Los clientes lo tienen que comprar!

Las variables controlables

Cuando se habla de estas cosas, se suelen utilizar cuatro referencias, como las variables que están bajo control de quien ofrece.

El Prof. Philip Kotler (1931-), probablemente el profesor y filósofo del marketing más reconocido del mundo, en su manual de marketing fue quien caracterizó esas cuatro variables controlables por la empresa para gestionar la capacidad competitiva mencionada antes: Producto, Precio, Distribución y Promoción. Las conocidas como las "Cuatro Pes"

- **Producto** (Product) El bien tangible o intangible que se ofrece.
- **Precio** (Price) Lo que le "cuesta" al "comprador" en términos económicos o de esfuerzo.
- **Distribución** (Placement) Cómo hacerlo accesible a los "clientes" potenciales.
- **Promoción/publicidad** (Promotion) Difundir su existencia y las condiciones para adquirirlo.

Podría parecer que un manejo técnicamente adecuado de estas "Pes" sería suficiente para generar los intercambios y el "negocio" tendría éxito.

¡No es así!

Falta algo más. Esto implica solo "eficacia operativa", hacer las cosas bien, y "productividad"; dedicar los menores recursos para obtener el resultado buscado. Pero, como ya se ha dicho, no es suficiente.
Pasemos a la "competencia competitiva" ...

Comentario Final 2
¡Trátese la "miopía"!
Amplíe su perspectiva y desarrolle su perspicacia.

Capítulo 3
LA COMPETENCIA COMPETITIVA

No tengo amigos ni enemigos;
solo competidores.
Aristóteles Onassis

¿Qué es competitividad?

Continuando lo dicho para "competencia" y volviendo al Diccionario de la RAE también la palabra "competitividad" tiene dos acepciones:

1. f. Capacidad de competir.
2. f. Rivalidad para la consecución de un fin.

Y "*competir*" es un verbo también con dos significados:

1. intr. Dicho de dos o más personas: Contender entre sí, aspirando unas y otras con empeño a una misma cosa.
2. intr. Dicho de una cosa: Igualar a otra análoga, en la perfección o en las propiedades.

Es decir que si volvemos al significado de "competitividad" como "capacidad para competir entre si" el significado podría ser "capacidad para contender" y, también, "capacidad para igualar"

Últimamente las palabras "competencia" y "competitividad", o su equivalente en otros idiomas, se aplican especialmente al mundo empresarial; consecuencia de la globalización de la oferta y la demanda que obliga a estar mucho más atentos a "competir mejor" que a satisfacer necesidades. Lo importante; más que "satisfacer" es "satisfacer mejor". La cuestión es tener claro quien decide que algo "es mejor" ...

Si se recurre a la herramienta de información más útil de nuestros días, Google; y se mira el significado en "Wikipedia", la enciclopedia "popular" que, más que académica; es la referencia práctica del uso del lenguaje; la definición que aparece es: ... la capacidad de generar la mayor satisfacción de los consumidores fijando un precio o la capacidad de poder ofrecer un menor precio fijada una cierta calidad. Concebida de esta manera se asume que las empresas más competitivas podrán asumir mayor cuota de mercado a expensas de empresas menos competitivas, si no existen deficiencias de mercado que lo impidan. (Haidar, J.I., 2012. "Impact of Business Regulatory Reforms on Economic Growth," Journal of the Japanese and International Economies, Elsevier, vol. 26(3), pages 285–307, September)

En negocios, o siempre que se intente generar intercambios, se habla normalmente de "rivalidad", ya que suele haber más de uno intentando hacer lo mismo. Y esta rivalidad aplicada al entorno empresarial y/o económico significa que se pugna con otros por obtener los mismos clientes, las mismas inversiones y/o el mismo talento. Los tres recursos que en nuestros días son relativamente escasos.

Se podría decir que se trata de una palabra que comenzó a utilizarse con más frecuencia a principios del siglo XX cuando la era industrial se orientó más hacia los consumidores finales que hacia las instituciones gubernamentales. Ahora bien, desde entonces hasta ahora los elementos en los que se basa la competitividad entre empresas han cambiado notablemente...

Al principio era como jugar al golf...

Mientras las personas tuvimos algún nivel de insatisfacción, alguna necesidad o deseo pendiente de resolver, los mercados se podían considerar vírgenes, es decir, pendientes de "cultivar". Bastaba con hacer algo, más o menos bien, ofrecerlo y éxito asegurado.

Eran las empresas las que, en base a su capacidad e intereses, desarrollaban y ofrecían productos o servicios que, de una forma u otra, alguien terminaba comprando.

Ahora ya no es así. Prácticamente en cualquier mercado con poder adquisitivo, las necesidades básicas están cubiertas. Nadie es imprescindible. Se han esfumado grandes empresas de muchos sectores y el mundo ha seguido igual. Hace pocos años amanecíamos un día con la noticia de que Arthur Andersen, la auditoria más importante del mundo, cerraba y no pasó nada. En pocos días sus numerosos clientes se reacomodaron con su contabilidad en otras firmas que los recibieron encantados.

Los mercados están repartidos entre distintos suministradores. Si bien la mayoría de las veces hay alguno que destaca, ninguno es insustituible.

Así pues, lo que ha cambiado es que, estemos donde estemos, siempre hay algún competidor merodeando y esperando que cometamos un error para quitarnos una parte de nuestro negocio. Luego para recuperarla hay que esperar que otro se distraiga y aprovechar la situación antes que los demás.

Ya no se debe hablar sólo de estrategia, sino de "estrategia competitiva" para alcanzar un "objetivo". Se trata de alcanzar la meta antes que lo hagan otros. Cuando se planifica, lo principal es conocer quién o quienes pueden interferir en el alcance de nuestros objetivos. Y a quién, o quienes, hay que intentar neutralizar.

Antes era algo parecido a jugar al golf, solos frente al campo, el mercado. Si contábamos con los recursos necesarios y la habilidad suficiente ganábamos. Competíamos con el "campo", nadie interfería en nuestro juego, teníamos toda la información, se podía prever la siguiente jugada, había tiempo para decidir y si lo hacíamos bien el resultado era suficientemente bueno.

Ahora es como el ajedrez...

Es muy distinto. No estamos solos especialmente en los mercados maduros que son los de mayor capacidad de compra. Es un esquema de "suma cero", clientes escasos y cada día más ofertas tratando de atraerlos. Si alguien gana otros tienen que perder. Ya no es el golf, se parece mucho más a una partida de ajedrez, aunque múltiple, varios intentando ocupar y defender, una parte del tablero. No estamos solos, otros interfieren nuestro juego, no tenemos toda la información (sobre todo de los rivales), no se puede prever la siguiente jugada, no hay tiempo suficiente para decidir y cuando se mueve una pieza otro, u otros, responden. Y esa respuesta más que orientada a mejorar su posición, intentan debilitar la nuestra.

Siendo el ajedrez una alegoría de la guerra, se puede decir que estamos en una "guerra empresarial" en la que "el enemigo" es la competencia y los clientes "el territorio" a defender y/o conquistar. Pero en la guerra militar para ganar hay que imponer nuestra voluntad al enemigo y es suficiente. En la guerra empresarial para imponer nuestra voluntad a los competidores tenemos que ganarnos la voluntad de los clientes. La diferencia con la guerra militar es que quien da o quita el éxito son otros, no nosotros, ¡son los clientes!

Lo que ha pasado con algunos gigantes fracasados es que no se han enterado que las cosas han cambiado y mucho. Hay quienes sí lo han entendido, de ellos conviene aprender. Muchos son los ejemplos que demuestran que la decrepitud no es cuestión de edad, ni de arterias obstruidas. Algunos, a pesar de los años, gozan de muy buena salud y gran vitalidad.

DuPont, fundada en 1802, sigue siendo un verdadero líder en materiales sintéticos. Ha adaptado sus productos al entorno. Philip Morris, que nació hace más de 150 años en una tienda de tabaco, es hoy un grupo que produce y vende casi todo de lo que se fuma, se come o se bebe. Utiliza debidamente el dinero de los cigarrillos. Coca-Cola, 100 años después, sigue siendo parte de la vida diaria de millones de personas en todos los países del mundo, siempre "en marcha" mientras que su competidor principal Pepsi-Cola solo sabe copiarla.

Otros en este grupo estuvieron a punto del colapso. Fue desde el borde del abismo desde donde vieron lo lejos que se habían situado de la realidad. Así, Xerox volvió de su fracaso en el sector informático, para seguir siendo "The Document Company". O, directamente sufrieron una catarsis, es el caso de IBM que hubo de reinventarse. Pasó de fabricante de hardware a diseñador e implementador de sistemas.

¡La "Competencia Competitiva" ha llegado!

Así en este nuevo entorno híper competitivo de ámbito global la clave de una estrategia eficaz es "orientarse al competidor" ya que ese es el problema principal a superar. La tecnología está al alcance de cualquiera e intentar descubrir qué es lo que el cliente desea no dará demasiadas ventajas cuando muchos otros, nacionales y extranjeros, están intentando hacer lo mismo y pueden tener la misma capacidad para lograrlo. "Orientarse al cliente" ya no es una estrategia competitiva, todos lo hacen y los clientes dan por supuesto que todas las empresas lo tienen que hacer.

Hay que aguzar el ingenio para destacar en este mundo con "overbooking" de ofertas y en el que los clientes son un bien relativamente escaso.

Insistimos, no se trata de "vender lo que se produce", ni siquiera de "producir lo que se vende" o "lo que los clientes quieran comprar". Se trata de vender lo que se pueda, donde se pueda a pesar de la competencia, es decir repitiendo algo que ya he escrito antes, Capítulo 2, habrá que "producir lo que los clientes quieran comprar y que la competencia nos permita vender". Siempre se trata de una estrategia "en contra de alguien". Hay que acostumbrarse a buscar y aprovechar las oportunidades donde quiera que estén, en cuanto se presenten y, especialmente, cuando los competidores estén distraídos, adaptándose al entorno. Aquello de: "Piense global, actúe local" ("Think global, act local") que habría que ampliar a "y antes que los demás".

Algo ha cambiado...

Hoy cuando nos distraemos normalmente alguien nos roba algunos clientes y perdemos una parte del "negocio". Para recuperarlos hay que esperar que otros se distraigan o se equivoquen.

Mucha gente malgasta todavía enormes cantidades de dinero, sobre todo si no es suyo, en planes estratégicos que no van a funcionar en ningún caso. Poco importa su ingenio o agudeza, ni el tamaño del presupuesto que se les aplique.

Aún hoy, muchos directivos siguen dando por sentado que un plan estratégico bien diseñado, bien ejecutado, y con los recursos necesarios, funcionará. Esto no es así. Sólo hay que ver lo que ha ocurrido en los últimos años con multinacionales que parecían indestructibles y habían sido ejemplos de excelencia empresarial.

Seguramente las herramientas y técnicas utilizadas por estas empresas habrán sido las correctas y, en algunos casos, incluso espectaculares. Y, sin duda, los directivos responsables de diseñar y ejecutar esos planes serían alumnos aventajados de los Masters más brillantes. Sin embargo, las complicaciones surgen de los propios planes; unos planes que no se ajustan a un nuevo orden y que, muchas veces, se habrán basado en supuestos con grietas importantes.

¿Qué ha ocurrido? ¿Cómo es posible que "colosos" de gran envergadura hayan tenido problemas de supervivencia? O, incluso, hayan desaparecido del mapa. No sólo ha sido IBM y sus competidores más directos, NCR, Burroughs, Digital Equipments, Compaq; también en otros sectores y países ha habido desequilibrios y fracasos. General Motors, Arthur Andersen,

American Express, Olivetti, Rover-British Leyland, Mark & Spencer. Pepsi-Cola que no acierta contra Coca-Cola. Y así muchos otros.

Es muy curioso ver que las compañías que tambalean tienen cosas en común. Todas se han desarrollado sobre productos o servicios de gran éxito por su encaje en los mercados objetivo; pero todas, en algún momento, se han desenchufado de esos mismos mercados que las auparon hasta la cima. Es como si el éxito se les hubiera subido a la cabeza. "Si la gente no compra nuestros productos, es que tiene los problemas equivocados"; dijo hace años uno de los directivos que llevó a IBM al borde del abismo.

Se obnubilaron y perdieron el "contacto" con los clientes y por tanto el sentido práctico del negocio.

Un nuevo escenario

Algunos no se han dado cuenta de los cambios en el escenario...

En realidad, hay cosas que se han intensificado y otras son nuevas como consecuencia de una reestructuración general:

- La competencia ha "explotado": como si de un fenómeno nuclear se tratara se ha producido una reacción en cadena. No es solo un mundo más global e interconectado, es que "todo el mundo está detrás de los clientes de todo el mundo en todas partes del mundo las 24 horas del día y los 365 días del año", como ya se ha dicho en la presentación.
- El competidor o el aliado puede ser cualquiera y venir de cualquier parte: Hay que hacer un análisis "fino" de quien es quien para nosotros. Un espectáculo deportivo transmitido por TV a la hora de cenar de un viernes o un sábado deja sin clientes hasta a los restaurantes más sofisticados. Aunque esto, naturalmente favorece a los que lleven la comida a casa...
- Los "productos" son cada vez más iguales: gracias a la "democratización" de la tecnología y el know-how los productos y los servicios son cada día más parecidos, se puede decir que exactamente iguales en lo que a características y prestaciones se refiere.
- Los productos puros y los servicios puros interesan menos: hoy un producto que pretenda tener éxito debe ir acompañado de los servicios necesarios para su adquisición y utilización. Por otro lado quienes ofrecen

servicios, desde bancos de inversión a dentistas, deben renovar mucho más a menudo sus equipos para mantener la garantía de su fiabilidad.

- Más que intercambio (normalmente de algo por dinero) hay que buscar la complementación: es sabido que al final, los clientes, buscan soluciones a los problemas que creen tener. Igual cuando compran un champú o un smartPhone y cuando votan por un candidato político. Por tanto, más que hablar de intercambio hay que hablar de complementación.

Un aviso: Lo advertía Charles Darwin (1809 – 1882) en su teoría evolucionista; "No sobreviven ni los más fuertes, ni los más inteligentes, sino aquellos que responden más positivamente al cambio". Una frase que ha actualizado Stephen Hawking (1942-): "Inteligencia es la habilidad de adaptarse al cambio".

Como compiten las empresas

Volviendo a las cuatro "Pes" del Prof. Kotler, "Orientarse al Cliente" significa que esas cuatro variables encajen en lo que los clientes quieren. Sin embargo "Orientarse al Competidor" significa que además de adaptarse a las necesidades y deseos de los clientes hay que hacerlo mejor que los competidores.

Cuando la presión competitiva aumenta por algún imprevisto se produce una alteración nerviosa en los directivos que inmediatamente intentan reaccionar. Lamentablemente, en un asunto de alto riesgo como este, las acciones suelen ser más de reacción que de previsión.

La variable preferida para reaccionar es el precio. Para muchos reducir el precio es la panacea. Sin embargo, lo ha advertido con mucha claridad el Prof. Michael Porter, en su libro "Ser Competitivo" (Editorial: Deusto S.A. Ediciones): "Reducir el precio cuando la competencia también puede hacerlo es de locos".

La historia demuestra que bajar precios sin dar explicaciones desconcierta a los clientes. Es difícil de entender que algo pueda bajar un veinte por ciento, porque sí, sin que reduzca su calidad.

Revisando casos históricos es difícil, casi imposible, encontrar estrategias competitivas basadas sólo en precio que hayan funcionado de verdad. Cuando alguien comienza todos lo imitan y terminan "commoditizando" la categoría, la diferencia es sólo por el precio. Competir sobre la base de precio es como un espejismo. Ser un commodity no es el camino para el éxito sostenible. Incluso muchos países han caído en este espejismo.

Después del precio las variables preferidas para competir son la calidad, y el servicio al cliente. Se pusieron de moda en los años noventa. Los líderes empresariales comenzaron a exigir técnicas y herramientas para medirlos. Aparecieron "gurús" y académicos con multitud de libros y seminarios, algunas veces incomprensibles, sobre cómo definir, estructurar y asegurar esas "criaturas" tan escurridizas como son la calidad y el servicio al cliente. Con ellos se hicieron famosos acrónimos como TQM, SPC. QFD, CQL. Pero lo que no se tuvo en cuenta fue qué significaba la calidad para los clientes y si la median en base a características técnicas o con otras referencias. Un ejemplo de cómo se puede llegar a medir, o no, la calidad es Rolex. Tienen una imagen de "alta calidad" a pesar de la inexactitud con la que dan la hora sus relojes.

Es evidente que lo que valoran los compradores no es, precisamente, su precisión, teóricamente la característica técnica más importante en un reloj.

Cierto es que la lucha por ser "el de mayor calidad" aportó muchas mejoras a los productos y servicios de las que se beneficiaron los clientes. Ahora bien competir ofreciendo "mayor" calidad y "mejor" servicio hizo que este objetivo se extendiera a todas las empresas, de todos los sectores y todos los tamaños.

La calidad se ha "democratizóado". Pasó a ser más un tema relacionado con los costes que con la habilidad de la gestión. Lo mismo ocurrió con la atención al cliente. Puntos para compradores frecuentes, asistencia pre y post venta, cupones de compras, líneas telefónicas de consulta 24 hs, webs ó portales interactivos, etc.

Ha llegado un momento en que la calidad y el servicio al cliente ya no agregan ningún atractivo porque los clientes los dan por supuesta.

En este escenario ha habido que esforzar la imaginación para encontrar otras referencias para competir con mayor eficacia.

Los niveles de riesgo a vigilar...

En una empresa competitiva los objetivos de cada día deben ser, en este orden:

i. ***Cuidar de los clientes que se tiene***. Esto es lo primero, los clientes que tenemos son los que hoy pagan nuestros salarios. Así que a cuidarlos que andan siempre por allí competidores a la búsqueda de oportunidades. No les demos ninguna.

ii. ***Estar siempre vigilante***: somos nosotros los que tenemos que merodear y aprovechar cualquier distracción de los competidores actuales para "robar" los clientes que se pueda. Al mismo tiempo estar muy atentos a nuevos movimientos que nos puedan afectar. Cuando se ve venir a la competencia hay que bloquearla lo antes posible.

iii. ***Promover nuestro "producto" para atraer a clientes que compran productos o servicios equivalentes***. Así por ejemplo los bebedores de refrescos son clientes potenciales para agua mineral. Hay que ser de mente abierta para entender muy bien quienes son los competidores o aliados. El futbol puede quitar clientes a los restaurantes y dárselos a Telepizza. También hay que observar el entorno en general para ver cómo nos puede afectar en positivo o en negativo. Desde el aumento del precio del petróleo hasta una tendencia a valorar la alimentación sana, no hay que desaprovechar ninguna ocasión. Pero cuidado; no confundir modas con tendencia. Más adelante volveremos a este asunto.

iv. ***Identificar nuevos segmentos de mercado a los que podamos acceder.*** Bien sectoriales (Por ejemplo, si nuestros clientes son hospitales tal vez puedan ser también grandes hoteles) o bien geográficos (teniendo cuidado de estar seguros que nos son accesibles). Previendo tanto la posibilidad de fracasar como de tener éxito, que puede ser aún más peligroso. Por ejemplo, si entramos en la gran distribución o encontramos un buen socio local para China la cuestión es: ¿Tendremos capacidad de producción si nuestro producto tiene éxito? Morir "de indigestión" es más rápido que "de hambre" ...

El éxito depende de la habilidad para mantener las cuotas de mercado conseguidas y captar una parte de las que están en manos de otros, siempre que las podamos satisfacer.

Hace falta aguzar el ingenio para destacar en este entorno en el que hay una competencia exagerada y en el que los clientes son un bien relativamente escaso para alimentar tantas ofertas disponibles.

Comentario 3
¡Esta es la "Competencia Competitiva"!

Capítulo 4
IMAGEN Y COMPETITIVIDAD

Pocos ven lo que somos;
pero todos lo que aparentamos
Nicolas Maquiavelo

Las claves de una estrategia competitiva eficaz

Como distinguía el militar prusiano, General Karl von Clausewitz (1780-1831) en su libro *De la Guerra*, que aún hoy es el referente principal en las escuelas de Estado Mayor de muchos ejércitos, la estrategia es "para ganar la guerra" y las tácticas para "ganar batallas". En términos de negocios, se podría decir que la estrategia es lo que hay que hacer para tener éxito empresarial y la táctica es lo que hay que hacer para convencer a cada cliente potencial de que nuestra propuesta es la mejor. Y para que una estrategia sea eficaz debe funcionar tácticamente, si no se queda en teoría.

Es muy importante entender que, al contrario de lo que muchos creen, son las tácticas las que definen la estrategia y no al revés. Según Clausewitz la estrategia es "el uso de las batallas para el fin de la guerra". Hay que conocer muy bien el "escenario" donde se producen los encuentros, que su libro define como el "teatro de operaciones y sus circunstancias", mencionado en el Cap. 1.

Conociendo el "escenario", los recursos propios y la capacidad del enemigo se podrán planear encuentros concretos y las tácticas posibles para cada uno teniendo en cuenta estos tres elementos. Es a partir de allí que habrá que elaborar un plan estratégico que tenga en cuenta las batallas a librar para alcanzar el éxito final.

Dicen que el General alemán Erwin Rommel; conocido como "zorro del desierto" fue un gran táctico; pero no buen estratega. Sin embargo esa opinión tal vez no sea justa. Una de sus frases era "Una estrategia que no pueda ser implementada tácticamente no tendrá éxito". Su gran problema, que le llevó a la derrota frente al Mariscal de Campo inglés Bernard Law Montgomery (Monty), fue que su jefe; Adolf Hitler, daba órdenes e imponía su estrategia desde un despacho a casi 5.000 km sin consciencia del teatro de operaciones y, menos, de sus circunstancias. Eso ocurre demasiado a menudo en el mundo de los negocios, los altos directivos "deciden" lo que hay que hacer sin bajar del último piso de las oficinas centrales...

Así pues, para encontrar las tácticas y la estrategia adecuadas lo primero es tener claro donde se producen las batallas por los clientes, el "escenario de la guerra empresarial" y cuáles son las variables que influyen en el resultado:

i. ***Los mercados son siempre personas físicas individuales.*** Compren para ellos mismos, para otros miembros de su familia o amigos, o para la institución o empresa en la que trabajan, siempre son seres humanos los que, de forma individual, o en grupo, y condicionados por sus intereses personales, toman la decisión de comprar o no comprar y a quien. La cuota de mercado que se controla es el total de clientes individuales a los que se haya convencido, "uno a uno", de que nuestra oferta es la que más le conviene.

ii. ***Las percepciones son la base del conocimiento humano***. Siendo siempre personas físicas las que deciden en un sentido u otro es fundamental entender cómo funciona el proceso de decisión. Nos comunicamos con el exterior que nos rodea por medio de nuestros cinco sentidos. La información que recibimos la procesamos en nuestra mente condicionados por los recuerdos y experiencias que tenemos allí almacenados, el resultado se llama "percepción"; la impresión interior que nos queda. Pero cuidado, las mismas sensaciones pueden terminar en diferentes percepciones, diferentes imágenes, según las experiencias y recuerdos que cada persona tenga almacenadas en su mente.

iii. ***La mente es donde se compite***. Es, pues, en la mente donde los clientes potenciales comparan y deciden si un "producto" es "mejor" o "peor" que otros que le ofrecen algo parecido. La objetividad, en el aspecto de desinterés personal o desapasionamiento, no existe. En las decisiones siempre hay un componente importante de subjetividad. El "mejor producto" es aquel que más individuos en un mercado piensa que es "el mejor", naturalmente, siendo suficientemente bueno.

iv. ***La imagen, la percepción en la mente es "la realidad".*** Según la RAE "imagen" es "figura, representación, semejanza y apariencia de algo". E "imagen pública" es el "conjunto de rasgos que caracterizan ante la sociedad a una cosa, persona o entidad". Pero la imagen que es una percepción de la realidad, no es la "realidad real", incluso puede ser objetivamente muy diferente. Por tanto, la "realidad" en base a la que los seres humanos toman sus decisiones es la que cada uno se ha construido en su propia mente. Lo importante para quienes quieran influir en esa decisión es emitir las señales adecuadas para que el resultado final les sea favorable y el receptor de la información la interprete como le interese al emisor.

v. ***Es una competencia de imágenes.*** Queda claro, pues, que la decisión de un cliente, de comprar o no, estará condicionada por la imagen que haya construido en su mente más que por la realidad objetiva que el producto, servicio, empresa, ciudad, país o persona pueda ofrecer. No se trata, entonces, de una competencia de "productos" (productos físicos, servicios, ideas, empresas, ciudades, países o personas) es una competencia entre las percepciones, imágenes, que ellas hayan sabido, o podido, construir en la mente de quienes deciden o recomiendan. Como se indica en el Punto iii alcanza el éxito quien, ofreciendo algo bueno y adecuado en la realidad real, sea percibido como "el mejor" entre todos los productos y servicios disponibles, el que haya construido la imagen más atractiva en la mente de los clientes.

vi. ***La clave para quien ofrece es "ser diferente".*** Pero sólo ser objetivamente mejor ya no es un atractivo para que los clientes sigan con nosotros o seamos capaces de quitárselos a un competidor. En un entorno con exceso de oferta, y la tecnología al alcance de todos, lo que llama la atención es crear la imagen de "diferente". Diferente de otros muchos que ofrecen cosas iguales o muy parecidas. En un mundo saturado de ofertas con, todos los problemas ya resueltos, lo que realmente atrae a los clientes potenciales es la novedad...

vii. ***Además de la "diferenciación" es necesaria la "preferencia".*** Que nos diferencien es necesario; pero no es suficiente. Hace falta también que sea a nosotros a quien "compren". Hay que convencer para parra tener éxito. Tenemos que ser los preferidos. Hay muchos productos e ideas que se pueden diferenciar; con eso entran en la "liga", para ser "campeón" hay que lograr que nos prefieran.

viii. ***La clave "clave" del éxito es la comunicación.*** A partir de un buen producto y/o servicio, la única forma de influir en las actitudes de los clientes es a través de una comunicación eficaz, que construya en sus mentes una imagen clara, diferente y atractiva. Aquel refrán español "El buen paño en el arca se vende" ya no funciona. Eso de que si el producto en muy bueno lo compraran se quedó en lla historia. Hoy hay muchos "paños buenos", de hecho, los clientes dan por incluida la calidad, no conciben productos malos. El "paño" o lo que sea, hay que sacarlo a la luz, que se vea y contar una historia inteligente para crear una buena imagen, mejor que la que dan los competidores. Pero no se trata de una comunicación sólo para informar, tiene que ser una comunicación que llame la atención, atraiga y convenza. Más allá de la publicidad masiva los responsables de comunicación de todas las empresas, instituciones, ciudades, países, personas; de todos los sectores y cualquiera sea el área de actividad, tienen que tener presente que cualquier mensaje en cualquier soporte, desde una tarjeta de visita u oferta a una factura o una memoria y balance, además de informar debe llamar la atención, atraer y convencer. Lo mismo da si ofrece caramelos que bienes de equipo con alta tecnología incorporada o una ideología política.(Más sobre esto en Paso 4º, Pág. 37)

ix. ***La empatía da la sostenibilidad de la relación.*** Recordando al General Clausewitz el resultado de las batallas tiene que llevarnos a ganar la guerra. No se trata de ser competitivo alguna vez, se trata de ser competitivo mucho tiempo y siguiendo un plan. Con una buena comunicación hay que crear empatía sostenida. Buscar una vinculación con los clientes, más allá de una circunstancial. Hay que diferenciarse, ser preferido, lograr la venta y fidelizar al cliente.

Las "Pes" en la mente de los clientes

En nuestro mundo de la sobre-comunicación instantánea, con clientes mejor informados que los propios promotores, lo que se ofrece debe alcanzar o superar las prestaciones técnicas prometidas y esperadas. Por otro lado el precio al que se ofrezca debe encajar con esas prestaciones y debe ser el adecuado para la capacidad de compra de los interesados y el entorno competitivo. Finalmente, tanto si es un bien tangible como intangible, debe ser fácilmente accesible para los compradores. Son requisitos absolutamente necesarios para competir; pero no suficientes. Como ya se ha dicho la tecnología se ha democratizado y cualquiera en cualquier parte puede lograr la "eficacia operativa". ¡Hace falta algo más!

En nuestros días los clientes dan por supuesto que lo que se les ofrece cumple con las prestaciones y calidad que ellos esperan; por eso más allá del objetivo, quienes ofrecen deben esforzarse para ocupar una posición diferencial y preferente en la mente de los clientes actuales y potenciales. Es decir construir una imagen acorde con el tipo de producto o servicio, sector empresarial, clase de ciudad o país, perfil de la persona, que resulte más atractiva que la de los competidores.

Por tanto, hay algo fundamental es entender el significado de las famosas cuatro "Pes", definidas por el Prof. Kotler, desde la mente de los clientes. Aunque se profundizan estos temas en la segunda parte del libro, se adelanta lo fundamental:

i.-***Producto es un "beneficio":*** En realidad para los clientes los productos o servicios son medios, más que fines. El fin es solucionar el problema que creen tener, es una herramienta cuya aplicación les permitirá resolver su problema y obtener un "beneficio", mayor que el que ofrecen los competidores. Cómo o porqué funcionan es relativamente secundario, lo que les importa es el uso y los resultados.

ii.-***Precio es el "valor":*** Para los clientes el coste no es lo fundamental; para ellos lo realmente importante es la contraprestación que recibirán por lo que paguen o el esfuerzo que tengan que hacer para conseguirlo. Es el "valor" que asignen por el grado de utilidad o aptitud que juzguen les aporte lo que reciban. En todo caso, como explica Michael Porter, lo que realmente hay que lograr es el coste mínimo, porque si el valor se lo asigna el comprador el competidor que tenga el menor coste de producción será quien tenga el magor margen y, por tanto, una gran ventaja competitiva.

iii.-***Distribución es "comodidad":*** tampoco importa a los clientes lo largo y/o complicado que pueda ser el recorrido entre el centro de producción hasta el punto de compra; ni lo laborioso que sea explicar con claridad el servicio que se les ofrece. Lo que les importa es poder obtenerlo o entenderlo de forma fácil y conveniente. Es decir, con "comodidad". Y la "comodidad" se refiere a poco esfuerzo físico para acceder a productos tangibles y poco esfuerzo mental para bienes intangibles; servicios, tecnología o know-how.

iv.- ***Promoción/Publicidad es "diferenciación":*** la imagen en la mente debe ser clara, distinguida y más atractiva; por eso hay que contar una "historia" clara, simple y más atractiva que la que cuenten los competidores.

Esto significa que una vez que se tiene la certeza de ser eficaz operativamente y haber alcanzado una productividad suficiente hay que construir una imagen en la mente de los clientes basada en "un beneficio" mayor que el que ofrece la competencia, al "valor" adecuado, con "comodidad" de acceso.

La fórmula base del Principio KICS

Así la fórmula de la competitividad es simple:

Eficacia Operativa + Buena Imagen = **Competitividad.**

Un buen "producto" sin la imagen adecuada no tendrá éxito. La historia tiene muchos ejemplos; desde personas con gran capacidad que no lograron triunfar hasta productos que siendo mejores se han quedado atrás.

Un caso conocido es el sistema operativo de Apple comparado con el Windows. La ventaja del software de Bill Gates fue que era "libre" y servía para cualquier hardware, en cambio el de Steve Jobs era "propietario". Por eso el primero es masivo y el segundo para los dueños de equipos Apple que son los "exquisitos" en el mundo de la informática.

Esta es la fórmula fundamental y básica del Principio **KICS** (**K**eep, **I**t **C**ompetitive, **S**tupid); sólo se podrá ser competitivo si se cumplen los dos factores de la fórmula.

Aquí conviene recordar una frase famosa de Peter Drucker (1909- 2005) el padre de la consultoría: "Una empresa tiene sólo dos, y sólo dos funciones básicas: innovación y marketing"

Fácil de entender, aunque difícil de lograr y desconocida para los "miopes" de los que ya hemos hablado.

Crear una buena imagen

De lo expuesto queda claro que son dos los ítems a integrar; la "identidad" de lo que se ofrece; (lo que el producto y/o servicio es en realidad), y la "imagen" (lo que el producto o servicio es en la mente de los clientes; lo que "parece ser").

Si lo que el producto y/o servicio "es" depende de sus características y especificaciones técnicas; lo que "parece ser" es la imagen que se habrá construido en la mente de los clientes. Esa será "la realidad" para ellos y también para los prescriptores, por eso la comunicación es crucial.

Y; ¡perdón por ser tan reiterativo!; pero con lo simple que es, es incompresible que sean tan pocos los directivos y dirigentes que lo hayan entendido y aplicado adecuadamente.

Ahora bien, como ya se ha dicho, vivimos en un mundo sobre-comunicado en el que más que una cuestión de "músculos" (recursos) es cuestión de habilidad e innovación.

No es difícil recordar campañas millonarias en medios masivos que no sirvieron para nada. Grandes empresas de distintos sectores con frases originales; pero vacías de contenido, sin "mensaje".

Por el contrario, aunque son bastantes menos, otras que sin dedicar casi recursos han logrado una notoriedad y un atractivo entre sus clientes potenciales que las han encumbrado en lo más alto. Un caso emblemático conocido en todo el mundo, es ZARA. A su fundador, D. Amancio Ortega (1936-) le atribuyen una frase que lo explica: "Nuestros anuncios son nuestros escaparates colocados justo en frente de El Corte Inglés. La gente aparca y toma café en sus centros; pero viene a comprar a nuestras tiendas". Otro caso es Body Shop fundada en 1976 por Anita Roddick (1945-) su imagen se extendió gracias al "boca oreja" con un argumento muy diferenciador; artículos de higiene corporal fabricados con productos naturales y muy cuidadosos con el medio ambiente. Hasta después del 2006, año en el que L´Oreal se hizo con el negocio por 650 Millones de Dólares, nunca se había hecho publicidad convencional; pero el reconocimiento había sido tan grande que logró ocupar los puestos en los rankings de renombre y reconocimiento.

Así pues el objetivo final de un plan de comunicación no es gustar ni ser famosos; debe ser influir en la mente de los clientes a través de la creación de una imagen más atractiva que la de los competidores. La gran cuestión es: ¿Cómo lograrlo?

Los errores típicos de la miopía.

A continuación, algunos desenfoques que producen "la miopía":

i. "Yo también". Mucha gente cree que el asunto básico de ser competitivo es convencer a los clientes de que se les ofrece el mejor "producto". Se dicen a sí mismos "posiblemente no somos los primeros, pero seremos los mejores". Puede que, incluso, sea la verdad, pero si se llega después que otros habrá que luchar contra competidores ya establecidos. Esa estrategia de "ser mejor" tiene unas probabilidades de éxito relativas. Esto no significa renunciar a ser "más grande". Aquí se aplica la LEY II. LEY DE LA CATEGORÍA de las "Las 22 Leyes Inmutables del Marketing", mencionadas en el Cap.1. "*Si no puede ser el primero en una categoría cree una nueva en la que pueda ser el primero*". La gente no está demasiado interesada en "productos mejores", eso significaría que ellos mismos han estado equivocados. En el mundo de hoy interesa lo "nuevo". Esto explica el fracaso de los primeros competidores de IBM que lo imitaban y decían ser "mejores", y el éxito de los "nuevos". Primero fue Digital (MiniComputers); después Apple (personal computers) y DELL (Computers por internet o correo)

ii. "¿Qué vendes?". Hay que dedicar el tiempo necesario a entender exactamente qué quieren comprar nuestros clientes potenciales. ¿Cuál es el problema que creen tener y que esperan que nosotros resolvamos? Hay que hablar más de la aplicación que del producto o servicio. Luego definirlo de forma simple y entendible para los clientes; siempre desde la perspectiva de utilidad para ellos. Si el cliente no entiende para que le va a servir lo que le ofrecemos y en qué le va a beneficiar más o mejor, no tendrá interés. Aquí hay que tener cuidado de no violar la LEY III. LEY DE LA MENTE. *Es mejor ser el primero en la mente que ser el primero en el punto de venta.*

iii. "La verdad siempre triunfa". No entender algo tan simple cómo qué competir es una guerra de percepciones hace fracasar a miles de emprendedores todos los años. No hay mejores productos lo que realmente existe son percepciones en la mente de los clientes actuales y potenciales. La percepción es la "realidad". Todo lo demás es una ilusión. Resumiendo, se puede decir que en negocios el éxito no depende de una realidad objetiva; depende de la subjetividad generalizada. El mejor "producto" será aquel que superando las especificaciones técnicas, sea el preferido por la mayoría de los clientes potenciales. Ahora sería respetar la LEY IV. LEY DE LA PERCEPCIÓN. *El marketing no es una batalla de productos es una batalla de percepciones* y la LEY V. LEY DE ENFOQUE. *El principio más poderoso en marketing es poseer una palabra en la mente de los clientes.*

iv. Utilizar la "idea de otro". Si bien, cómo se ha dicho, lanzar un producto "yo también" es muy problemático también lo es el "yo también" para la idea. Dos compañías no pueden poseer el mismo concepto en la mente de los clientes. Cuando un competidor posee una palabra o una posición en la mente de los clientes es inútil intentar apropiarse de esa misma palabra o posición. Aquí lo que hay que tener claro es la LEY VI. LEY DE LA EXCLUSIVIDAD. *Dos empresas no pueden poseer la misma palabra en la mente de los clientes.*

v. "Tenemos mucho éxito". El éxito precede a la soberbia, y la soberbia precede al fracaso cuando alguien consigue el éxito tiende a ser menos objetivo. Se suele sustituir la opinión del mercado por el propio juicio, tratando de decidir lo que "el mercado quiere". Hay que pensar de "afuera hacia dentro", usando las percepciones de los clientes, no las nuestras. El éxito ha llevado a muchos al fracaso por este motivo, es la LEY XVIII. LEY DEL ÉXITO. *El éxito suele preceder a la arrogancia y la arrogancia al fracaso.*

vi. "Ser todo para todos". Cuando se trata de ser todo para todo el mundo se acaba inevitablemente teniendo grandes dificultades. Ser fuerte en algo es mucho mejor que débil en todo. Este criterio de querer ser "todo para todos" nos lleva a lo que se ha dado en llamar "Extensión de línea" con el riesgo de quedarse en "nada para nadie". Hay que concentrar el enfoque en un atributo, una propuesta concreta, aunque luego se intente vender de todo. Este error es también resultado de otra "miopía"; la LEY XII. LEY DE LA EXTENSIÓN DE LÍNEA. *Existe una presión irresistible para extender el valor de la marca;* una de las más violadas y con más intentos de justificación...

vii. "Vivir para los números". Vivir para los números es mirar hacia adentro, y cuando se mira hacia adentro se pierde el sentido de la realidad de lo que ocurre fuera. Así pues, se termina "muriendo por los números". Los precios no son ya el resultado de "costos más beneficio", son el resultado del valor que los clientes asignan a lo que les ofrecemos. El beneficio es lo que nos quedará si somos capaces de producirlo a un costo inferior al valor asignado. No hay que olvidar que el precio lo deciden los clientes en base al valor que perciben recibir en función del "problema" que esperan resolver.

viii. "No atacarse a sí mismo". Lo más grave creer que el éxito está asegurado porque hoy lo hemos alcanzado. Vivimos en un mundo en el que el cambio rápido es la constante. El no enfrentarnos frontalmente con ello es lo que, probablemente, causa más problemas que cualquiera de los otros problemas planteados. Un líder debe ser siempre el primero en innovar. Es un principio fundamental de quien tiene la obligación de defender su cuota de mercado y el protagonismo de la categoría de la que es el líder. Las claves en este caso son dos; "atacarse a si mismo" (no dormirse en los laureles...) y bloquear lo antes posible el avance de cualquier competidor por débil que parezca. Como ya se comentó antes IBM no lo hizo; pero sí Apple y, por supuesto, Gillette.

ix. No tener un "jefe". La planificación de "abajo a arriba" la aplicación del plan de "arriba abajo". Cuando no hay un responsable ejecutivo claro las cosas no suelen ir bien. En un mundo tan agitado cómo el de hoy la imagen es la clave "clave" de la competitividad y no se debe dejar en manos de directivos de segundo nivel. Hace falta ir más allá del corto plazo y garantizar una continuidad en el rumbo. La puesta en marcha del plan tiene necesariamente que tener una estructura jerárquica con capacidad de acción coordinada por un "jefe" que asuma la responsabilidad.

En realidad, es una responsabilidad que debe controlar la alta dirección. Lo decía David Packard (1912-1996) uno de los fundadores de HP (Hewllet Packard):

"El marketing es demasiado importante para dejarlo solo
en manos del Departamento de Marketing"

Comentario Final 4

No hay nada peor para un mal producto que
un buen plan de marketing basado en una historia
"falsa", aunque sea muy buena...

Capítulo 5
POSICIONAMIENTO
La herramienta más eficaz

No se trata de hacer algo en el producto,
se trata de hacer algo en la mente de los clientes.
Jack Trout

La historia.

El Capítulo anterior se propone a la "comunicación" o publicidad como la clave "clave" de la competitividad.

Y ahora se propone el "posicionamiento" (positioning) como la herramienta más útil para una comunicación realmente eficaz, es decir para lograr que nuestra oferta sea diferenciada y percibida como la mejor entre todas las disponibles en el mercado.

Se trata de uno de los conceptos más utilizados y menos comprendido entre empresarios, directivos y funcionarios de alto nivel. Incluso forma parte del léxico habitual en consejos de administración; pero pocos entienden su importancia y alcance. Es parte de la "miopía" de la que este libro pretende ser antídoto. No se refiere al ámbito geográfico en el que se está presente, ni a la cuota de mercado que se controla ni, tampoco, al lugar que se ocupa en el ranking de Google. Se refiere a cómo crear una imagen en la mente de los clientes que ocupe una posición relevante y sea más atractiva.

Como se trata una palabra que incluida en los diccionarios desde siempre, muchos ignoran o no entienden el significado que tiene en la búsqueda de una estrategia competitiva eficaz

Como muchos conceptos académicos y metodologías de gestión tuvo un descubridor; Jack Trout (1935-2017). Hace cincuenta años, Junio 1969, Trout publicó un artículo en la revista, *Industrial Marketing* (hoy *B2B Marketing* del grupo Advertising Age) que tituló: "Positioning is a game people play in today's me-too marketplace" (Posicionamiento es el juego que se juega hoy en el mercado del yo-también). Vaticinaba el fracaso de quienes intentaban competir con IBM ofreciendo lo mismo, con una oferta del "yo-también" y hablaba, por primera vez, del "posicionamiento" como estrategia empresarial. Lamentablemente nadie le hizo mayor caso, ni siquiera su jefe de entonces, Al Ries (1925-).

Dos años más tarde Trout volvió a la carga. En Noviembre de 1971, en la misma revista, presentó un artículo que titulaba: "Positioning revised: why didn't GE and RCA listen?" (Una revisión del posicionamiento ¿por qué GE y RCA no escucharon?).

En este caso demostraba que se habían cumplido sus predicciones, tanto GE como RCA fracasaron frente a IBM. Ninguna de esas dos empresas había logrado cambiar las percepciones que tenían en la mente de sus clientes, una como empresa de electrodomésticos y la otra de discos y, tampoco, debilitaron la imagen de IBM como líder en su especialidad, la informática. Al contrario, la reforzaron.

Con la certificación de los resultados de sus predicciones su planteamiento comenzó a interesar incluyendo a su jefe Ries. Siendo la revista propiedad de Advertising Age pidieron una serie de tres artículos sobre "posicionamiento" ("positioning") que se publicaron en la propia AdAge. Esta vez los firmaron Jack Trout y Al Ries en este orden y fueron un éxito espectacular. Incluso publicaron pequeños panfletos de los que vendieron casi un millón de ejemplares por correo.

A partir de entonces Trout se asoció con Ries y crearon una firma de estrategia; Trout&Ries. En 1996 se separaron y Trout con otros consultores de distintos países creó una red de boutiques de consultoría en más de quince países; empresarialmente independientes, aunque con la misma filosofía Trout & Partners. Con esta red aplicó sus principios del Posicionamiento Estratégico a empresas e instituciones de distintos tamaños y sectores en muchos países del mundo. Desde grandes corporaciones financieras e industriales a pequeñas empresas de todos los sectores en más de veinticinco países de todo el mundo. Desde electrónica industrial a fabricantes de productos de consumo masivo como "chupa-chups" (lollipops) También se ha aplicado a marca lugar (place branding) una isla del Caribe, Nueva Zelanda, Bélgica, Argentina, España y el propio EE.UU. En otros ámbitos nos ha funcionado en política, con partidos y candidatos, e incluso en una institución religiosa (la Conferencia Episcopal de la Iglesia Católica en EE.UU., en los 80 estaba muy preocupada por la pérdida de fieles desde el Concilio Vaticano II y pidió consejo).

Posicionamiento Estratégico ¿qué es?

El proceso de posicionamiento se inicia con la existencia de un producto o un servicio, desde un elemento físico o un servicio intangible a una institución, una empresa, un destino turístico, un país, una persona, incluso uno mismo. Pero el posicionamiento no es algo que se haga con el producto o el servicio, el posicionamiento es algo que hay que lograr en la mente de los clientes.

En realidad, y como se comenta en el segundo punto del Capítulo 1 se trata otra vez de terminología Militar. "Posicionamiento" es "tomar posición", y posición cuyo significado se refiere a un "lugar que se ocupa" tiene una acepción militar. En términos militares significa ocupar un "punto fortificado o naturalmente ventajoso para los lances de la guerra" Pues bien si hablamos de una "guerra empresarial" podríamos decir que: "El posicionamiento permite ocupar una posición fortificada o naturalmente ventajosa para los lances de la competencia". Claro está que esa "posición ventajosa para los lances de la competencia es en la mente de los "clientes". Es decir que cuando a esos "clientes" se les genere la necesidad o se les despierte el deseo de adquirir un producto o un servicio, emitir un voto, abrazar una religión, contratar a una persona (nosotros) ir de vacaciones, invertir su dinero o su talento, etc., nuestra opción sea la primera, la segunda; pero no más atrás que la tercera.

Una definición simple de "posicionamiento": Es lo que hay que hacer para que los clientes nos diferencien, nos prefieran y estén dispuestos a pagar algo más por la diferencia que perciban.

La cuestión es encontrar referencias atractivas para los clientes que nos diferencie.

Advertencia: ¿*Posicionamiento* por Precio?

A pesar de que el precio lo determina el mercado muchas empresas siguen con la "miopía" de que el "precio" es la "panacea".

Mencionado en el Capítulo 3, volvemos a ese tema porque el precio parece la referencia más rápida y eficaz para mejorar la competitividad y es el preferido por los "estrategas" empresariales más clásicos.

Pero competir; basándose en precio es como un espejismo. Al principio, cuando la nuestra es la oferta más barata, la demanda suele dispararse y da la impresión de que ya se ha logrado el éxito. Pero inmediatamente aparecen los competidores, también confundidos por ese espejismo. Cada uno que llega propone lo mismo un poco más barato. Al final se perjudican unos y otros. Por un lado, la caída de los precios hace que los clientes solo compren allí donde creen que es más económico para ellos y cambien de proveedor por la mínima diferencia. Por otro lado, esa lucha por ser más barato, obliga a reducir costes lo que termina afectando a la calidad, algo que los clientes cada día saben evaluar mejor. En conclusión, todo el mundo insatisfecho, nosotros perdiendo dinero y el sector perjudicado.

En una buena estrategia de posicionamiento competitivo está la diferencia entre ofrecer un "commodity", (algo que, siendo técnicamente igual, solo se distingue por precio) y un producto o un servicio que haya sido capaz de construir una imagen percibida con unos atributos relacionados con el "beneficio" que el cliente espera obtener, mejor que la que hayan construido los competidores. Se trata de que estén dispuestos a pagar más por la diferencia que perciban, aunque lo que se ofrezca sea técnicamente igual a lo que ofrecen los demás. Vender mejor para tener mayores ingresos y más sostenibles. La mejor imagen es el valor añadido.

Salvo que se logre producir con un coste más bajo que los demás, ser un commodity no es el camino para el éxito sostenible. Otras tienen que ser las referencias de la idea diferenciadora que puede posicionar nuestro "producto" de forma diferencial y preferente en la mente de usuarios y prescriptores.

Sin duda bajar precios puede ser una buena táctica para ganar una "batalla", es decir ganar un contrato o realizar una venta.

Como estrategia sólo funciona si hay una razón que el cliente entienda y no se sienta engañado. Un ejemplo claro son las compañías aéreas "low cost", no incluyen los servicios prescindibles, aunque mantienen lo fundamental. También las tiendas especializadas por productos (IKEA, MediaMark, Leroy-Merlin) que venden más barato, pero el transporte y la instalación son por cuenta del comprador. Es decir, para los clientes el precio es el "valor" que ellos adjudican a lo que se les ofrece. No les importa lo que cuesta producirlo si piensan que les aportará un "beneficio" mayor que lo que tengan que pagar por él lo comprarán, sino no.

Cuidado, las "Marcas Blancas" no es lo mismo. La percepción es que sin ser mala, la calidad se sacrifica necesariamente. Puede que aumente la demanda en las crisis; pero una compra "por necesidad" no satisface y, en cuanto la situación se normaliza, se acabó.

¿Cómo posicionarse en la mente?

Sin duda hace unos años alcanzar un posicionamiento competitivo adecuado era más fácil. Había menos ofertas y muchos más clientes ávidos de poseer, o recibir beneficios, que aún no tenían.

El *posicionamiento* es lo fundamental para diferenciarnos, ser preferidos y, por tanto, tener éxito en el mundo que vivimos.

Y este principio se aplica a cualquier "producto", desde los de consumo masivo a los bienes de capital con alta tecnología incorporada, pasando por servicios, instituciones sociales, partidos políticos, destinos turísticos, personas físicas e, incluso, teorías religiosas que traten de captar y mantener fieles.

La clave para lograrlo es identificar una idea simple y clara sobre la que se pueda construir una imagen que nos diferencie y nos haga más atractivos que otras alternativas.

Luego transformar esa idea en el referente principal, la clave, de la estrategia competitiva. Se trata de transformar ideas simples en la estrategia empresarial o institucional. Allí tenemos a las viejas ideologías políticas y algunas religiones tratando de encontrar esa idea que les permita sobrevivir en un mundo de personas más informadas y racionales...

Hace unos años lo más eficaz, que se conseguía con habilidad y algo de suerte, era que el nombre de nuestro producto o la idea diferenciadora se transformara en un sustantivo, el genérico de la categoría. Chupa Chups o SEUR en España son ejemplos de un producto y un servicio que se han transformado en los sustantivos de sus respectivas categorías. Gillete, Jacuzzi o Velcro a nivel global.

Cuando esto se logra el éxito a largo plazo está asegurado. El que los clientes mencionen el producto o el servicio usando el nombre propio de uno de los que compiten por ese mercado da una ventaja enorme a quien lo consigue. Al hablar del producto se menciona la marca. También crea una cierta servidumbre que puede confundir. Si nuestra referencia se transforma en el genérico de la categoría ese nombre ya no se puede usar para otra cosa; pues, si se hace, confunde a los clientes. Pero el haber tenido éxito significa haber ganado dinero y el dinero sirve para ampliar la actividad, aunque sea usando otro nombre. Por ejemplo, así lo hizo Chupa Chups cuando amplió su oferta, aprovechando los puntos de venta disponibles, y lanzó una pastilla para adultos, no la llamó "Chupa mint", la llamó Smint. Nadie se confundió y han sido dos éxitos en productos de confitería ejemplares.

Apropiarse de un atributo

Hoy apropiarse del genérico es mucho más difícil, casi imposible. Hay demasiados "nuevos productos", todos con ciclos de vida tan cortos que no dan tiempo a construir esa percepción de ser el genérico en las mentes de los clientes potenciales.

Tampoco es tan fácil buscar la diferencia por una característica física o de especificaciones técnicas. Esto funcionó muy bien hasta los años setenta cuando la capacidad técnica era una diferencia clara, como se ha dicho antes. Ya en aquella época el famoso publicista Rosser Reeves (1910-1984). Reeves proponía comunicar solo una característica del producto para diferenciarse de los competidores. Creó su conocida y muy utilizada, "UPS" (Unique Selling Proposition) que funcionó hasta finales de siglo. Su acierto más famoso fue el "Think Small" con el que hizo del Volskwagen Escarabajo un éxito empresarial y un fenómeno social.

Entonces se podía lograr con una diferencia de tamaño, otro color, más potencia. Ahora con una tecnología que se ha "democratizado", que está al alcance de todos, en cuanto alguien ofrece una diferencia mensurable los competidores la copian al día siguiente. Todos los productos terminan siendo iguales. En una estantería de un supermercado es casi imposible distinguir las decenas de marcas con el mismo producto, los mismos contenidos y envases parecidos. Si hablamos de automóviles, son los mismos motores, iguales sistemas de control. Y en hoteles, cualquiera en China puede ser idéntico a otro en Argentina o en Turquía.

¡Hay que apropiarse de un atributo!

Tenemos que trabajar con un "grado de abstracción" más elevado. Hay que encontrar un atributo que signifique un beneficio distinto, concreto y más atractivo que los que ofrecen otros, esa es la clave. No se trata de una característica física mensurable, se trata de una característica difícil de medir, eso es un atributo, pero directamente relacionada con la aplicación del "producto" y que signifique un "beneficio" distinto y especial para el cliente.

Es la base para una empatía entre el cliente y el producto o servicio y la persona, empresa o institución que lo ofrece. Una empatía resultada de una emoción racional y sostenible. Un ejemplo conocido y claro es, en el mundo del automóvil, la relación de Volvo y "la seguridad". Volvo no es siempre el "coche más seguro" cuando se analiza su comportamiento en los laboratorios homologados. Sin embargo, en la mente de los conductores de todo el mundo ha construido una imagen ligada a ese atributo y nadie ha podido arrebatársela, aunque muchos lo han intentado.

Hay, pues, que crear una imagen que transmita emociones especiales a los clientes convenciéndoles que obtienen mayores "beneficios". Pero no se trata de emociones esotéricas o especulativas, deben ser emociones relacionadas con un "beneficio" del producto o del servicio y muy pragmáticas.

El "Think different" de Apple ha sido un acierto para atraer a los más exigentes dentro de un mundo de clónicos. El "Te da alas" de Red Bull ha creado la imagen de primera bebida energética. Así como ahora, en la categoría de coches de alta gama, en la que Mercedes Benz ya era "prestigio social", Audi "ingeniería", Volvo "seguridad"; BMW se propone como el coche divertido en esa gama; "Te gusta conducir" les dice a sus clientes.

El posicionamiento NO ES SOLO UN ESLOGAN, debe ser un concepto entendible y lógico que se transforme en el soporte de estrategia competitiva durante muchos años.

La idea diferenciadora que debe salir de un plan de posicionamiento estratégico competitivo es la táctica que nos hará ganar la batalla en cada mente, el argumento que convencerá de que la nuestra es la mejor oferta. Una vez definida habrá que establecer la estrategia; un plan de acción concreto, coherente y de largo plazo para que la idea llegue a muchas mentes, las convenza y nos permita conquistar una cuota de mercado importante.

La emoción y la competitividad, de la USP a la UEP®

El proceso de decisión en los seres humanos se inicia con la recepción de datos a través de los cinco sentidos que nos conectan con lo que nos rodea. Esos datos son procesados en nuestra mente incorporando informaciones anteriores que están allí almacenadas, es la percepción. Si los datos recibidos están bien elaborados las percepciones que producen serán positivas. Y si esas percepciones además de positivas provocan emociones también positivas el resultado será un comportamiento determinado. Explicado desde la perspectiva empresarial es: una empresa emite un mensaje que si llega al cliente y es adecuado termina produciéndole una emoción positiva que induce a la compra.

Ese es el objetivo final de una buena comunicación. Es importante tenerlo claro. La comunicación no es para "gustar" es para "vender". La buena comunicación es la que produce ventas.

El método eficaz surge de tener en cuenta las claves mencionadas antes para lograr una emoción en los clientes que les induzca una conducta; debe ser el resultado de una percepción que haga a nuestra oferta diferente, atractiva y preferida para los clientes. El truco está en conseguir que ese proceso termine en una empatía sostenible que produzca una emoción permanente favorable a lo nuestro. Se trata de cautivar. Lo hemos llamado una UEP® (Unique Emotional Proposition), como una evolución de la USP de Reeves.

Es necesario crear emociones especiales que signifiquen beneficios concretos. Pero no se trata de emociones esotéricas o especulativas, deben ser emociones relacionadas con el "producto" y muy pragmáticas. Difícilmente, por ejemplo, se podrá vincular un producto de limpieza para el hogar con una emoción de "mayor prestigio social", una emoción que sí podrá lograrse con un producto de higiene personal, un automóvil o un destino turístico. En este concepto se incluyen como emociones positivas la "seguridad", "diferenciación", "moda", "confianza", "interés" "novedad", "satisfacción, etc. y, en negativo, las contrarias.

Utilizar un determinado gel de ducha o perfume, conducir una marca de automóvil o pasar las vacaciones en un lugar determinado pueden crear emociones, en la proporción correspondiente, de distinción social. Un beneficio que mucha gente tiene en gran estima, muy difícil de medir; pero con muchas posibilidades de percibir con gran claridad.

Los fabricantes de perfumes y de automóviles lo explotan desde hace años. Sin embargo, no parece que los responsables de la gestión de destinos turísticos lo hayan entendido del todo.

Claves "Clave"

La mente es un mecanismo complicado, es un banco de memoria con capacidad ilimitada, que tiene un rasgo especial: es selectiva. No, acepta cualquier información que le llegue. Todo lo que no encaje con sus percepciones anteriores será rechazado, no será creído. Mucho menos conseguirá una posición especial. La idea es posicionar "una marca a fuego" en la mente y permanece allí por mucho tiempo.

Ahora bien, si los "productos" son cada día más parecidos lo importante es encontrar el ángulo mental competitivo que los haga "diferentes" en la mente de los clientes. Un "Libro Blanco" sobre eficacia operativa no basta. Por eso la comunicación se han transformado en la herramienta estratégica clave para el éxito empresarial. Es la herramienta que construirá la imagen más atractiva, con relación a la de los competidores, y la que influirá al final del proceso, en la decisión del comprador.

Las claves de una buena UEP son:

i.- Ofrecer un solo atributo que signifique para los clientes un "beneficio" suficiente importante para ellos.

ii.- Un atributo que ningún otro competidor pueda proponer. Bien porque no tiene las condiciones o bien porque cuando lo intente el cliente y nos los "atribuya" a nosotros.

iii.- Un atributo que, si es posible, además de posicionar nuestra oferta positivamente, reposicione negativamente la de los competidores. (Si somos "los únicos buenos", los otros no los son...)

iv.- Un atributo sostenible en el tiempo, que pueda adaptarse al mercado, si este cambia en su forma de percibirlo.

v.- Un atributo que genere emociones positivas orientando la actitud de los "clientes" a la compra y fidelización.

vi.- Un atributo que genere una empatía a largo plazo con los prescriptores, compradores y usuarios.

Comentario Final 5

El *"Posicionamiento"* se mide por cuanto estarán dispuestos a pagar de más los clientes por la diferencia que perciban.

Capítulo 6
LA MARCA Y LA COMPETITIVIDAD

La marca es la referencia que los clientes utilizan para pedir y recomendar.

Raúl Peralba

La marca: el nexo necesario

Una vez que se ha logrado construir una imagen nítida y atractiva en la mente de los clientes potenciales que les emocione y genere empatía, hace falta crear un vínculo directo. Un vínculo apoyado en los mecanismos que utilizamos los seres humanos para relacionarnos y transmitir información de unos sobre otros. Un vínculo que relacione con claridad al "producto" con sus usuarios generando fidelidad y compromiso.

Ese vínculo es la "Marca". Un concepto que en los últimos años ha alcanzado un protagonismo mucho más relevante consecuencia de la presión competitiva; pero que no se entiende como es debido. s

Esa presión competitiva ha hecho que la "marca" se transforme, para muchos, en la piedra filosofal de los negocios. Su gestión; que en inglés se denomina "branding"; una palabra de traducción imposible al español, se ha puesto de moda. En los últimos cinco años sólo en EE.UU. se han publicado más de 4.500 libros sobre este tópico.

Ahora bien, no habiendo duda que en el mundo actual, hiper-competitivo y globalizado; los símbolos verbales y gráficos que representan al producto, servicio, empresa, institución, organización, partido político, ciudad, país, lugar e, incluso, persona es la referencia más importante para triunfar en la mente de los clientes, conviene reflexionar si es la causa o el efecto.

Actualmente en la Unión Europea son unos ocho millones las marcas registradas y en USA casi diez millones. Todas se disputan la cuota de mercado en sus propios mercados y, ahora, el mercado mundial. Pero los mercados, como ya se ha dicho, son personas individuales que tienen un vocabulario limitado. Dependiendo del idioma. Un estudiante universitario que hable español usa unas diez mil palabras y uno que use el inglés unas siete mil quinientas. teniendo titulación universitaria, utilizan solo diez mil palabras para comunicarse. Es decir, no es nada fácil, para nuestra marca, conseguir un lugar en esa lista...

La "marca" es una referencia mágica que pone y mantiene en contacto a quien ofrece con quien demanda. Un nombre propio que distingue a una persona, a un producto, a un servicio, una institución, partido político, un lugar, es decir cualquier cosa que pueda tener una personalidad propia y definida y sea susceptible de generar algún tipo de intercambio.

Es la "percha" de la que nuestra propuesta "se cuelga" en la mente de los "clientes", es decir de los que queremos se interesen en lo que ofrecemos. En negocios es la "percha" en la que los clientes cuelgan en su mente un producto, servicio, empresa o lo que sea que pueda serles útil. Luego la colocan en lo que podríamos llamar un "armario", el sector en el que se desarrolla la actividad, con un determinado orden de preferencia respecto de otros que están en ese mismo "armario" porque ofrecen algo igual o parecido. Si no estamos entre las tres "perchas" que tengan más a mano, tendremos problemas...

Para construir y mantener marcas en la mente de los clientes, es necesaria una estrategia competitiva, un plan de posicionamiento. Es decir, una planificación cuidadosa orientada a diseñar, construir, mantener y remodelar la marca en la mente de los clientes y prescriptores. Es como una obra de ingeniería. No se trata sólo de ser recordada y apetecible sino, también, más apetecible que todas las demás que ofrecen un beneficio parecido a esos mismos clientes.

El branding y el posicionamiento tienen mucho que ver, se complementan; si no son, en realidad, la misma cosa. La cuestión es ponerlos a trabajar juntos...

¿Qué es la "marca"?

Según la Organización Mundial de la Propiedad Intelectual (OMPI), "la marca es un signo distintivo que indica que ciertos bienes o servicios han sido producidos o proporcionados por una empresa o persona determinada."

Para muchos "marca" está ligada solo a productos físicos, incluso más a los de consumo masivo que a los de uso técnico o profesional. Sin embargo, es muy claro que la "marca" es la referencia que se usa para recomendar o pedir algo. Ahora, este concepto se ha extendido a todo lo que implique pedir o recomendar cualquier cosa vinculada a un posible intercambio desde un caramelo a una confederación de países. Es el soporte que usamos para recomendar o pedir algo. Es decir, marcas son Coca-Cola, Chupa-Chups, Louis Vuitton y BMW; también lo son Microsoft, Citi Group, Telefónica, Harvard y en turismo Disney World, Las Vegas, París ó Mallorca. Incluso Mikel Jackson, ¡Los Beatles, Julio Iglesias, Barak Obama o George Bush y también el Dalai Lama o el Papa Juan Pablo II (la "marca" renombrada del Cardenal Karol Wojtyła) Ah! y nuestro nombre entre los amigos, compañeros de trabajo o vecinos es nuestra "marca" personal.

Lo importante es que esas palabras tengan sentido en la mente de los interesados, para eso deben vincularse a un beneficio concreto que se relaciona con la solución a la necesidad o deseo que tengan en un momento determinado.

Muchos gúrus han tratado de explicar qué es la marca. Frases ingeniosas que dan pistas; pero pocas veces llegan al fondo del asunto.

Sin pretensiones académicas; aunque con la mejor intención, se puede recurrir a la epistemología (filosofía de la ciencia) en la que hay término, "constructo", en el que "marca" encaja muy bien. Dice que es "un objeto conceptual u objeto ideal" que sólo puede existir en la mente humana. Es decir, sin una mente que les dé cobijo no puede haber constructos, no puede haber "marcas". No son, ni pueden ser, objetivamente verdaderos o falsos; se refieren a cosas de difícil definición. Un tema complejo. Explica un estudioso del tema Mario Bunge (1919-), filosofo de la ciencia y humanista argentino, que se trata de fenómenos no tangibles que a través de procesos de categorización se convierten en variables que pueden ser medidas y estudiadas.

Y cuando se crea un "constructo social" la gente se comporta como si existiera o aceptase seguir ciertas reglas o convenciones y como si ese objeto ideal fuera real. Sentarse en un Ferrari puede cambiar la personalidad de quien la conduce y el interés y atractivo de quienes le ven conduciendo. Hay que crear un "Ferrari" en el sector de actividad dónde se compite.

Definir la imagen que la marca pretende trasmitir es la fase previa y necesaria para poder desarrollar una estrategia competitiva adecuada y coherente a partir del tipo de producto o servicio que se ofrece. Es decir, aquello que significará la marca en la mente de los clientes. Y esa imagen que se quiere construir condicionará todos los instrumentos de la política de marca, desde la búsqueda del nombre comercial a las todas las acciones y herramientas de comunicación. "Los productos se construyen en las fábricas, las marcas se construyen en la mente.", Walter Landor (Diseñador-1913-1994)

Así pues, ese "ser ideal" que solo existe en la mente de quienes lo conocen debe ser percibido con unos atributos y valores especiales y suficientes para garantizar que quien utilice el producto físico o intangible tenga la seguridad que obtendrá el o los beneficios que espera obtener.

¡La marca es la promesa de un "beneficio" que hay que cumplir! Y en un entorno super-hipercompetitivo es la promesa de un "beneficio" mayor que el que prometen los competidores.

¿Cuál es el signo de la marca?

Pero como dice la definición de la OMPI "la marca es un signo". ¿Qué signo?

Un signo es la representación de una cosa. En el caso de la marca se puede decir que hay dos elementos principales que la representan: el nombre y el logotipo. Son los que transmiten los valores de la marca y, por tanto, la "promesa" de un beneficio que los clientes esperan recibir.

La cuestión es tener claro cuál de los dos signos es más importante.

En general el primer impulso de la mayoría es decir que el logo es lo más importante. Sin embargo, cuando se reflexiona no es así. Dos sencillas preguntas lo aclaran.

¿Hay alguna marca sin nombre que solo se identifique con un logo? ¡No! Ni siquiera el logo más reconocido NIKE. Hace falta la palabra para hablar del calzado deportivo con uno de los logos más famosos del mundo. Pero, ¿hay alguna marca que solo se reconozca con una o unas palabras y no tenga un logo llamativo? ¡Si! ZARA, por ejemplo.

Sin duda los psicólogos han certificado con numerosos ensayos que tomados de forma individual tendrán la comunicación a través de palabras es la que mejor funciona. En realidad, lo que mejor y más rápido llega al cerebro es la palabra que entra por el oído. Cualquier símbolo visual requiere de interpretación, incluso las palabras escritas y la entonación antes de que el cerebro las interprete. Los símbolos gráficos no tienen ningún sentido si no van acompañados de una explicación o se basan en conocimientos anteriores. A pesar de ello todavía hay una mayoría que al ocuparse de estas cosas se preocupan mucho más de los aspectos relacionados con lo gráfico que de lo estratégico y conceptual, cuando intentan lanzar o potenciar una marca.

El nombre, la palabra o palabras, es lo fundamental para vincular una imagen en la mente con una promesa.

Así cuando se comienza un proceso de estrategia competitiva desde el principio, la decisión del nombre es una de las más importantes ya que puede potenciar el contacto, ser neutra o incluso, ser un lastre.

El nombre es, debe ser, el primer soporte de un buen posicionamiento (más en la segunda Parte, Paso 4º). British Petroleum, Telefónica dicen que lo hacen. Telepizza (uno de los mejores nombres de los últimos años) se diferenció de sus competidores porque fue el primero en "llevar pizza a casa" cuando nadie lo hacía. Si el nombre existe, será imprescindible complementarlo con un concepto de Posicionamiento. Apple y Volvo, sin el "Think different" y "seguridad" no significan nada. Lo mismo ocurre cuando se trabaja en el posicionamiento de marcas, lugar o país.

Aunque hace años encontrar un nombre era más fácil, había pocos productos cualquiera valía. Esa época en la que no era un problema ponerle el nombre de una droga a un refresco (Coca-Cola) o bautizar un coche con el nombre de la hija de un amigo (Mercedes) ya pasó. ¡Ahora no es así!
¿Esto significa que el logo no es importante y da igual? ¡No! Sin duda es una ayuda que mediante una imagen gráfica refuerza el nombre. Pero cuidado tiene que estar sintonizado y ser coherente con el nombre que va a apoyar, en forma y en colores. Una producto o servicio relacionados con la ecología va mejor con verde o azul que con rojo, por ejemplo. Por eso siendo el nombre quien inicia el proceso de posicionamiento el logo debe diseñarse después.
El orden es:

i. Estar seguro de ofrecer un buen "producto"

ii. Identificar un concepto de posicionamiento que lo diferencie y lo haga más atractivo que lo que ofrecen los competidores.

iii. Crear un nombre que inicie el proceso de posicionamiento.

iv. Diseñar un logo y una imagen gráfica que refuerce el nombre.

La Importancia de la "marca".

Esta referencia que utilizan los "clientes" para solicitar aquello que satisface sus necesidades o deseos, se ha transformado en el activo más importante. Aunque se trata de un activo intangible puede ser mucho más valioso que las infraestructuras de producción y las tecnologías de proceso. ¿Con qué nos quedaríamos? ¿Con la referencia "Coca-Cola" o con la fórmula y las plantas embotelladoras; pero sin su referencia? Sin la marca los interesados no podrían pedir, ni recomendar, el producto o el servicio que se les ofrece. Por eso, en este entorno hiper-competitivo que nos toca vivir es absolutamente crucial ser el dueño de ese intangible que nos identifique de forma diferencial y preferente, respecto de otros que también ofrecen algo igual o parecido y, además, que nos permita ser la primera opción en la lista de los clientes potenciales a quienes queremos atraer.
Aunque en esa época no hacía casi falta Henry Ford I ya tenía conciencia de la importancia de la imagen y la marca, si bien no era la clave de su competitividad. Lo dijo así "En mi balance, echo en falta dos activos fundamentales; el valor de mi m arca y el conocimiento de mi gente." , el tiempo le ha dado la razón.

No disponer de una "marca" reconocida es una limitación enorme en cualquier sector, con cualquier tamaño de empresa y en cualquier ámbito geográfico. Como señalaba Héctor Laing (1923- 2010), Director Ejecutivo de United Biscuits, una de las mayores compañías de productos de consumo del mundo y titular de una importante cartera de marcas: "Los edificios envejecen y acaban derrumbándose. Las máquinas se desgastan. Las personas mueren. Pero lo que se mantiene vivo a través de los tiempos son las marcas".

La falta de una "marca" es una limitación mayor que cualquier barrera técnica en cualquier sector, con cualquier tamaño de empresa y en cualquier ámbito geográfico. La tecnología y el "know how" se pueden comprar o contratar; pero una "marca" hay que construirla y ese es un trabajo complejo, difícil y de largo plazo. Es necesaria una "ingeniería de marca"

Esta es la verdadera realidad empresarial de nuestros días. Este es un mensaje que deberían recoger los directivos de empresas, instituciones, los políticos, los líderes religiosos y todos los que están en un entorno hiper-competitivo.

La "marca" es un objetivo imprescindible; pero no es nada fácil de construir y mantener, en cualquier actividad empresarial nacional e/o internacional.

Un nuevo riesgo para la Marca

Una de *Las 22 Leyes Inmutables del Marketing*, la Ley 10, Ley de la División, dice: "Con el tiempo, una categoría – (en cualquier actividad) se divide para convertirse en dos o más categorías".

Sin embargo, mientras esto ocurre de forma natural, se produce un hecho siniestro. A pesar de la atención, recursos y esfuerzos que se dedican al "branding" muchas de esas nuevas categorías creadas se están deslizando hacia la "comoditización". En otras palabras, cada vez son menos las categorías en las que sus marcas se diferencian de verdad unas de otras, por algo que no sea el precio. Los clientes potenciales saben que existen y cuales son; pero poco más.

Podríamos llamarlas marcas "Ocupantes". Como los viajeros de un avión, ocupan un lugar; todos están perfectamente identificados; pero no se sabe cuáles son sus cualidades personales. Esas marcas están en la categoría, mucha gente las conoce, incluso puede que las compre; pero no tienen ningún significado ni representan ninguna idea que las haga "únicas".

Hoy en día todo el mundo, desde los diseñadores de moda hasta los personajes famosos, pretenden ser una "marca"; pero, al final, los productos y servicios deben enfrentarse a la realidad del mercado y a la de los clientes. Clientes que hacen preguntas como éstas: "¿Qué me ofrece? ¿Qué le hace ser diferente del resto de marcas de la categoría? ¿En qué es mejor que ellas? ¿Representa valores que son importantes para mí y que me hacen sentir valorado? ¿Cómo se diferencia de las demás?"

Robert Passikoff (1945-), fundador y presidente de Brand Keys, empresa consultora con sede en Nueva York, dedicada a la investigación sobre compromiso y fidelidad de los clientes, lo explica de esta forma: "No es ningún secreto que cada vez son más las empresas que tienen dificultades para diferenciarse de sus competidores. La orientación a la Calidad Total y a la Reingeniería de Procesos que han seguido casi todas las empresas, en las dos últimas décadas del Siglo XX, hacen que ahora la diferenciación entre ellas sea prácticamente imposible."

Hoy la tecnología, se ha "democratizado". Cualquiera, en cualquier parte, independientemente de su tamaño puede ofrecer el mejor producto. Algunos, los de más recursos, han invertido millones de euros ó dólares para distinguirse. Y en función del presupuesto dedicado los clientes han llegado a conocerlos más que a otros. Es obvio que, en cualquier categoría, sobre la que se pregunte, hay marcas y empresas más conocidas que otras. Ahora bien, la pregunta clave es: se las diferencia con algún atributo que les dé un valor especial.

Evidentemente, la diferenciación se puede lograr. Y funciona si, cuando se logra, se basa en valores reales o percibidos, racionales o emocionales; que posee un producto o un servicio y en el hecho de ocupar un lugar en la vida del consumidor. Un "lugar" que la diferencie y la haga su preferida en la mente del cliente, no simplemente en que éste conozca su existencia. En la medida que posee valores y éstos tienen un significado en la vida del cliente, más allá de la simple primacía del producto, determina su diferenciación. Sin embargo, cada vez son menos los productos y servicios que disfrutan de algún grado de diferenciación real.

La internacionalización "obligada"

Los mercados se han globalizado y la competencia también. En este nuevo orden mundial las empresas deben entender que no pueden quedarse encerradas en su entorno local, regional o nacional, deben aceptar la realidad de un nuevo orden mundial. Y no se trata de encerrarse en el propio ámbito geográfico pensando que la competencia internacional es algo que no les afecta ni les puede afectar. A cualquier cafetería o restaurante de una ciudad de provincias le puede ocurrir que una franquicia de hamburguesas o pizza afecte su negocio de la noche a la mañana. Nadie está exento del riesgo de que aparezca un competidor y le complique en su relación con sus clientes, por más satisfechos y fidelizados que piense que los tiene.

Así en un mundo sin fronteras hay que prepararse para defender los clientes que se tiene y desarrollar la capacidad para "capturar" clientes nuevos. Lo que hay que entender y tener presente es la advertencia del Prof. Michael Porter: "Una empresa es internacional cuando lo que haga en un mercado influya en lo que haga en otros."

Por tanto, tal vez lo primero sería desterrar algunos prejuicios sobre la internacionalización de las empresas. Desde los fenicios la actividad de buscar negocios en otros mercados, ha sido directamente proporcional al aumento de la complejidad en la gestión y a la incertidumbre por el desconocimiento del medio.

Sin embargo, en un mundo que dispone de tecnologías avanzadas para la integración y el transporte, con normas de fabricación y certificación globales, con nuevas tecnologías de comunicación que permiten tele-gestionar y tele-controlar, mayor libertad de transacciones e inversiones y una disponibilidad casi total de medios de pago, quien no sea parte de ese mundo tendrá muy pocas posibilidades de sobrevivir.

Hoy hay que estar atentos y aprovechar las oportunidades de negocio, allí donde aparezcan y hacerlo antes que lo hagan los competidores.

La marca "personal"

La marca personal es lo que dicen de ti cuando no estás delante
(Jeff Bezos-1964; Fundador de Amazon)

En realidad, las marcas nacieron como marcas personales para identificar productos hechos por artesanos, personas físicas, y las referencias eran sus nombres propios. En la era industrial esos nombres, como Ford y Michelin o Cartier y Carolina Herrera, se han diluido en lo personal y han pasado de ser nombres de personas para serlo de empresas.

En cualquier caso, los pintores, los artistas, los modistos, incluso los profesionales independientes, médicos, arquitectos, académicos o políticos, siguen siendo marcas personales, lo que hagan se identifica por sus nombres. Y con las personas cuyos nombres son marcas ocurre como con los productos o servicios. Si son de "consumo masivo", un cantante, por ejemplo, su marca es renombrada porque la conoce todo el mundo. Nos gusten o no casi todos sabemos quiénes son Julio Iglesias o Madonna. Si se trata de un profesional o un "especialista", cuando es reconocido lo es solo entre los interesados en su especialidad. A los arquitectos Norman Foster y

Rafael Moneo, no los conoce todo el mundo; pero sí todas las personas relacionadas con esa actividad., tampoco a Placido Domingo, porque la ópera no es tan popular como la música ligera. En este caso son marcas notorias, porque sólo son reconocidas por los que están "en el tema". Así pues, el cuidado que hay que tener en la gestión de unas y otras marcas personales es distinto. Los primeros están mucho más expuestos y sus despistes trascienden mucho más y mucho más rápido; pero pueden ser menos nefastos que si se trata de un personaje notorio porque, en este caso, el efecto negativo sobre los que demandan sus servicios es más directo.
Gestionar marcas personales se parece pues a gestionar marcas de productos o servicios, aunque aún tienen una complejidad adicional, el "producto" son las mismas personas y sus características, un arranque de mal humor puede afectar al prestigio y a la ventaja competitiva de la marca y arruinar un plan de marketing cuidadosamente preparado, algo que no ocurre cuando la marca identifica a productos inanimados que no pueden tener reacciones emocionales.

Se ve con claridad cuando detrás de la persona hay una estrategia de marca y su titular se esfuerza en respetar esa estrategia, un ejemplo podría ser el conocido jugador de futbol Pelé, que llegó a ser ministro de deportes de Brasil, y el contrario el jugador argentino Diego Armando Maradona por su vida disipada.

Los consejos para definir una estrategia de posicionamiento personal no son tan diferentes. Tanto en un caso como en otro hay que empezar por tener muy clara la identidad, lo que "se es". Un producto o un servicio está hecho por una empresa en un país determinado y en un contexto específico, todo eso determina su identidad. Luego tiene que transmitir referencias y valores que hagan su identidad más atractiva que la de los competidores. Una persona tiene unas características físicas y psicológicas y un origen determinado que condicionan su estrategia de marca. Dicho esto, hay que tener claro el segmento en el que se va a competir sin olvidar que estamos en un entorno global y, tampoco en productos y servicios, conviene comenzar poniendo "puertas al campo". Las nuevas tecnologías de comunicación facilitan la expansión que, si el "producto" es atractivo, se globaliza muy rápido. Un ejemplo de los últimos años fue El código Da Vinci, una novela escrita por el desconocido Dan Brown y publicada por primera vez por Random House en 2003. De la noche a la mañana se convirtio en un superventas mundial, con más de 80 millones de ejemplares vendidos y traducido a 44 idiomas.

Como en todo, el éxito es mucho más difícil de explicar que el fracaso. Por eso más que consejos para hacer las cosas es mejor darlos para evitar errores.

- El error del "yo también": imitar a otros parece lo más fácil y rápido; pero da siempre la idea de ser alguien de segundo nivel. Hay que ser "distinto".
- El error del "¿qué hago?": hay que exponer con claridad cuál es la habilidad principal del titular de la marca personal y actuar siempre con ese referente. Se trata de lograr el "posicionamiento" diferencial y preferente que haga nuestra propuesta atractiva y sostenible.
- El error de "la verdad siempre triunfa": también para las marcas personales no basta con ser mejor técnicamente hablando, aquí también se trata de una batalla de percepciones. Así pues, además de la habilidad en lo referente a la especialidad la persona debe trasmitir otros valores que la hagan atractiva, algo que tiene mucho que ver con la empatía, es decir con la inteligencia emocional.
- El error de "tenemos mucho éxito": el éxito precede a la soberbia y la soberbia al fracaso. Muchos son los que después de alcanzar la cima han fracasado porque han creído que ellos podrían "mandar" sobre el público. Hay escritores que después de escribir obras de éxito pensaron que podían ser ellos los que dijeran a sus lectores lo que debían leer. Más que intentar adecuarse al mercado han creído que podían dirigirlo.
- El error de "todo para todos": uno de los defectos más habituales de la gestión empresarial es intentar "vender de todo a todo el mundo". Sin embargo, está claro que hoy lo que se valora es la especialización. ¿Tendría éxito García Márquez con una novela de espías o una policial? Julio Iglesias con su imagen de cantante melódico tal vez podría hacer un recital con canciones de los Beatles; pero sería arriesgado si lo intentara con las del grupo Rolling Stones.
- El error de "vivir para los números": muchos fracasos son consecuencia de obsesionarse con la "cantidad" más que con la "fidelidad". Si se hacen bien las cosas los números llegan solos.

- El error de "no atacarse a sí mismo": vivimos en un mundo dinámico, hay que "moverse" para evitar que nos adelanten. Así pues una marca personal de éxito tiene la obligación de ser la más innovadora en su especialidad. Debe ser consciente que compite con otros, que está en un mundo global intercomunicado y debe ser el primero en aprovechar los recursos disponibles para ser el "1º" en todo.

Conclusión 6

Si no se construimos marcas, solo ofreceremos commodities

PARTE II
GUÍA RÁPIDA DE APLICACIÓN EN 4 PASOS.

Antes de ponerse en marcha: ¡tenerlo claro!

El Principio KI**C**S es fácil de entender (al menos eso espero...); pero muy difícil de aplicar. En las advertencias iniciales se decía que si este libro fuera de cocina hablaría más de estilos culinarios que de recetas concretas. También en la cocina es fácil entender la teoría; pero para cocinar hace falta mucha más habilidad. Ya lo decía William Shakespeare (1564-1616); "Si hacer fuera tan fácil como saber las chozas se trocarían en palacios y las villas en ciudades".

En cualquier caso hay que intentarlo, lo importante es tener la mente abierta, objetividad, franqueza, sentido común y enfoque competitivo. Hay que partir aceptando que los clientes son como son y no como a nosotros nos gustaría que fueran. Y que los competidores, además de intentar atraer otros clientes, intentan quitarnos los nuestros.

No entender este aspecto tan elemental es una de las causas más comunes de los fracasos empresariales y de cualquier actividad orientada a generar intercambios.

La competitividad es fundamentalmente el resultado de lograr un mérito comercial mayor que el de nuestros competidores. Pero quien da o quita ese mérito son los clientes.

Como se ha dicho, hay que ofrecer un producto o servicio que alcance o supere las expectativas técnicas que los clientes quieren y esperan. Esto es sólo el primer nivel es la:

Competencia Competente.

Siendo esta una condición necesaria, no es suficiente, hay que atraer y capturar mentes individuales, personas,

El mejor "producto", el que más cuota llegue a ocupar, es aquel que más clientes individuales ~~que~~ consideren "el mejor".

Es decir, aquel que, siendo suficientemente bueno en función de las especificaciones técnicas, es percibido como "el mejor" por la mayoría de los compradores, usuarios y prescriptores.

En estas cosas, la objetividad no es la que garantiza el éxito. Hablando de mercados, la "objetividad" es la subjetividad más extendida entre los individuos que integran ese mercado, una especie de "sentido común" de ese conjunto de personas.

Ése será el más competitivo, aquel que compita con más habilidad y, por tanto, el que tendrá más éxito.

Así pues, siendo en la mente de los clientes donde se pierden o se ganan las batallas, hay que elaborar la estrategia competitiva desde la perspectiva de los clientes.

Esto es lo que pretende esta guía rápida para aplicar adecuadamente el Principio KI**C**S y mejorar la:

***Competencia Competitiva*.**

Lo primero: ¡Un buen "producto"!

"Puedes engañar a todo el mundo algún tiempo. Puedes engañar a algunos todo el tiempo. Pero no puedes engañar a todo el mundo todo el tiempo." (Frase de sentido común que se atribuye a Abraham Lincoln)

Para ser competitivo, lo primero es verificar que el "producto" (producto físico o intangible, servicio, la idea, el lugar, la persona) que se ofrece supera el umbral de calidad esperado, lo que se llama "calidad de conformidad", en el entorno en el que se compite. Es decir que el nivel de cumplimiento de especificaciones técnicas puede superar cualquier verificación de inspectores internos o externos y que cumple las normas.

Aunque los "clientes" pueden tener cierta flexibilidad, ésta será muy diferente según el tipo de "producto" que se ofrezca y el escenario en el que se produzca el intercambio. En alta tecnología las restricciones técnicas serán más rígidas que en accesorios de moda. En países desarrollados más que en menos desarrollados. La flexibilidad aumentará en épocas de crisis y se reducirá en las de bonanza.

En el fondo la pregunta para la que hay que tener una respuesta objetiva, lógica y clara es: ¿se quedarán satisfechos quienes acepten nuestra oferta? ¡Hay que lograrlo! Por eso hoy los especialistas, o los que son percibidos como tales, son mucho mejor valorados y resultan más atractivos para los "clientes". Los directivos "multiuso" han pasado de moda. Cada negocio o actividad tiene sus reglas de juego y, además de conocerlas muy bien, hay que saber aplicarlas.

Nosotros mismos cuando ayudamos a una empresa o institución a aplicar el Principio KICS siempre trabajamos en equipo con sus directivos, hoy no se puede ser experto en todo, hay que colaborar con los que saben del asunto...

Advertencia:

En cualquier caso, es importante dejar claro que este libro está fundamentalmente orientado al segundo factor de la fórmula de ***Competencia Competitiva****. Es decir, a crear una "Buena Imagen", de lo que se ofrece, en la mente de los clientes. Una imagen mejor que la que hayan creado o intenten crear los competidores.*

Paso 1º.- Adaptarse al "Escenario" Competitivo

Lo recuerdo otra vez, el "escenario" es el entorno físico y sus circunstancias en un momento determinado (ya sea lo político, económico, social, cultural, histórico o de cualquier otra índole) en el que hay que considerar la situación del "producto" y sus posibilidades de éxito.

En este Paso uno de los errores más comunes es intentar inventarse la realidad. Esto es lo que advertía el General George (Cap. 1) Patton cuando decía que "Hay que adaptarse a las circunstancias y no intentar que las circunstancias se adapten a nuestros intereses."

Nada que se proponga se hará en el vacío. Las mentes de los clientes están estructuradas y cualquier información que reciban deberá encajar en la que tenían previamente.

Por eso la planificación se tiene que hacer conociendo muy bien "las circunstancias" en la mente de los clientes. Hay que hacer el análisis de "afuera - adentro"; es decir saliendo de la empresa entender que ocurre y luego volver para planificar a partir de los datos que se han obtenido.

Datos que expliquen las percepciones de los clientes en relación al "producto", la competencia, las circunstancias y las tendencias.

Aunque ya se ha mencionado lo fundamental para hacer bien ese análisis es:

- Ser Objetivo.
- Ser Franco.
- Ser Simple.
- Aplicar el sentido común.
- Un enfoque competitivo.

A continuación, se revisan los aspectos que hay que considerar para entender e interpretar el "escenario" competitivo en el que pretendemos sobrevivir y/o avanzar.

1.1.-*Los Mercados*

Hay un refrán español que dice: "El árbol no deja ver el bosque"; aquí podríamos decir "El mercado no deja ver al cliente". Muchos ven el mercado como un ente único, un número total; pero el mercado es la suma de personas físicas individuales, seres humanos. Aun cuando nuestros clientes sean empresas, la relación se basa, siempre, en personas físicas individuales (Ver Cap. 4). Si las personas físicas cambian la relación cambia no importa el tamaño de la empresa o institución ni el sector de la actividad. EE.UU. no ha sido el mismo bajo la presidencia de Bill Clinton (1946-) que George Bush (1945-), Barak Obama (1961-) o Donald Trump (1946-)

Nuestra participación en un mercado se construye convenciendo a personas físicas, de una en una, de que nuestra oferta es "la mejor" para cada una de ellas. El porcentaje total que logremos fidelizar será la cuota de mercado que determinará nuestro volumen de negocio.

Por eso es tan importante segmentar, es la única manera de concentrar los esfuerzos y obtener resultados.

La Investigación

Las decisiones comerciales se toman en función de un análisis del mercado. Lamentablemente, el coste de obtención de esa información se incrementa en progresión geométrica si se desea mejorar su precisión y exactitud.

En primer lugar, la investigación se debe realizar para "informarnos", no para "confirmar" las ideas que ya teníamos – la objetividad es fundamental.

En segundo lugar, la información es lo que reduce la incertidumbre, es decir, la información debe ayudarnos a tomar decisiones, sino no sirve para nada. Cuidado con "indigestarse" de datos inútiles.

En la era de las comunicaciones existe mucha información gratuita. Se pueden obtener con facilidad informes independientes publicados en los medios de comunicación generales y especializados. La información sobre los productos y servicios (datos nacionales e internacionales) del sector al que pertenece nuestra empresa, los hábitos de consumo, la competencia, las tendencias, etc., se puede obtener en revistas, periódicos, etc. y, en la actualidad, en miles de bancos de datos a los que se puede acceder a través de Internet. Es la "información secundaria".

Cuando se realiza una investigación específica, para la "información primaria", una de las claves es un cuestionario adecuado. Debe ser elaborado con mucha atención e intención de influir lo mínimo posible en las respuestas de los clientes potenciales. Es una tarea difícil y con alto riesgo de subjetividad cuando la lleva a cabo el personal de la propia empresa.

Una forma muy sencilla y asequible de obtener información directa y enormemente fiable es hablar con los comerciales propios que están en contacto permanente con los clientes. Los clientes constituyen la mejor fuente de información sobre la imagen de la empresa y de la competencia. Establecer una metodología sistemática que permita obtener periódicamente ese tipo de información de los vendedores resulta de gran utilidad. Un "servicio de inteligencia" propio.

Los clientes son distintos unos de otros, aunque algunos tienen cosas (pocas o muchas) en común. Para conseguir una segmentación correcta es preciso conocer el o los factores que son comunes a un determinado grupo o segmento. La segmentación permitirá diseñar un planteamiento de marketing y ventas uniforme para el segmento que se trata de conquistar. Por tanto, se obtienen planteamientos diferentes para los distintos segmentos, cada uno de los cuales presenta el máximo potencial de éxito.

"Bajar al campo de batalla"

No hay que olvidar nunca que el lugar donde se toma la decisión de "comprar, o no, es en la mente de los "clientes", ese es el "campo de batalla" (Cap. 4), hay que conocerlo muy bien. Por eso es fundamental una buena investigación para saber cómo es. Donde están nuestros picos, valles, agujeros negros. Así pues, antes de comenzar, es necesario tener claro cuáles son las percepciones que tienen los "clientes" sobre el "producto básico", la competencia, y sobre nuestra oferta.

Algunas cosas se pueden saber por simple sentido común. Nadie necesitaría una investigación para saber que Coca-Cola es el refresco por excelencia, "lo auténtico"; o que ZARA es la campeona en "ropa de moda a precio asequible" o que Rolls Royce es "el coche de lujo".

Sin embargo, en general para casos de quienes inician una actividad, quieren aumentar su cuota o frenar el avance de un competidor y/o quieren entrar en nuevos mercados sectoriales o geográficos, conviene hacer una "inspección" del campo de batalla.

Ahora bien, no se trata de invertir (¿o gastar?) cantidades ingentes de dinero. Con un buen cuestionario y muestras relativamente pequeñas se pueden tener datos suficientemente válidos para saber "por donde van a venir los tiros".

Una buena, y no costosa, forma de rastrear la mente es la conocida como búsqueda del "diferencial semántico". Se trata de identificar el significado que una palabra le recuerda de forma espontánea. Se trata pues de conocer el significado de ciertas palabras clave en la mente de los clientes y que tienen relación con el entorno en el que se compite.

A partir de la experiencia propia y/o la realización de algunos "focus group", un par como mínimo por segmento a analizar, se elabora un listado con un conjunto de atributos importantes que se entrega al "cliente" potencial. Se le pide que los califique e indique si vincula a alguno de ellos con nosotros o alguno de nuestros competidores.

De esta forma se obtiene un cuadro con dos datos fundamentales, el orden de importancia de los atributos desde la perspectiva de los "clientes" y cuales, si hay alguno, de esos atributos están, o no, ocupados por algunos de los competidores y/ o nosotros mismos.

Con esta información se podrá definir la idea diferenciadora que tenga mayor capacidad competitiva para nuestra propuesta. Se conocerán las fortalezas y debilidades propias y las de los competidores.

La mejora de nuestra competencia competitiva dependerá de la habilidad que tengamos para disimular nuestras debilidades y poner en evidencia nuestras fortalezas, al mismo tiempo que disimulemos las fortalezas de nuestros competidores y pongamos en evidencia sus debilidades. Se trata de posicionarnos hacia arriba y reposicionar hacia abajo a la competencia en la mente de los "clientes".

En este análisis hay dos elementos clave para no equivocarse. Lo primero es no confundir modas con tendencias, las modas son pasajeras y lo que se necesita es apostar a largo plazo. La burbuja de internet a finales de los 90 es un buen ejemplo. Si los vaticinios hubieran acertado los periódicos y los libros en papel no existirían. Hoy puede que esté pasando algo parecido con las redes sociales. Son una nueva herramienta más eficaz; pero el mensaje que nos posicione de forma diferencial y preferente en la mente de los clientes es lo básico.

Cuando se analicen las tendencias conviene mirar lo opuesto. A veces el éxito no está en lo que la mayoría dice que quiere hacer sino en lo contrario. Como se explicó en el Cap. 1 es lo que ha ocurrido con los 4x4 para uso urbano y los alimentos gourmet.

Cambiar "el campo de batalla"

Si ve que no está ganando, cambie el campo de batalla. Esta máxima de la guerra funciona en marketing, igual que en los enfrentamientos militares.

En la campaña del Pacífico, a comienzos de la Segunda Guerra Mundial, las cosas no marchaban bien para el general Douglas MacArthur (1880-1964). Ya había perdido Bataan, Corregidor y las Filipinas. Perdió también ocho barcos fundamentales en Pearl Harbour. Las islas de Guam y Wake cayeron y casi pierde Midway. Le amenazaba una invasión a Australia. En lugar de combatir con los japoneses en todos los frentes, MacArthur organizó sus fuerzas hacia una campaña "de isla a isla" y cambió el curso de guerra en el Pacífico. Buscó tener la superioridad en cada enfrentamiento.

Aunque se utiliza con mucha frecuencia en el área militar, cambiar el campo de batalla es la táctica que los generales de empresa parecen no acoger fácilmente. En los campos de batalla de los negocios, los "oficiales" prefieren mantenerse en su cargo y tratar de salir adelante. Ellos creen en la estrategia de que "todo lo que necesitamos es un mayor esfuerzo" ...

Se gastan cantidades interminables de tiempo empresarial en reuniones esotéricas llenas de referencias a lugares comunes, dirigidas a hacer las cosas mejor. Sin embargo, la participación en el mercado no aumenta y las cosas no mejoran.

Si al investigar se ve que el panorama es complicado hay que asumir la realidad. Muchas veces se debe reconocer el hecho de que la guerra no se puede ganar y que las posibilidades de victoria están comenzando a mejorar a favor del enemigo.

"Un ojo penetrante", decía Von Clausewitz, "es una cualidad más necesaria y útil para un general, que su astucia". Cuando la batalla esté estancada, un general odia que lo encuentren en una trinchera "costosa", donde haya bajas y los avances no se vean. Es por esto que los buenos generales tienden a ser siempre rápidos en maniobrar haciendo esfuerzos para tener las cosas a su favor.

Lo que sucede en los negocios es casi lo contrario. La gerencia continúa enviando tropas y recursos hacia el mismo punto. Se quejan de la falta de progreso, pero muy pocas veces aceptan admitir la derrota en cuanto la ven venir. Aquí hay que recordar la *Ley 19, de las 22 Leyes Inmutables del Marketing; Ley del Fracaso: El fracaso debe ser esperado y aceptado.* En lugar de alargar la situación, lo mejor es cortar las pérdidas lo más rápido posible y dedicar los esfuerzos a cosas rentables. ¡Difícil! El amor propio de los responsables es el obstáculo.

La actitud del "se puede hacer" gana tiene prestigio en la empresa, mientras que los críticos se ven como malos jugadores y reciben bajas calificaciones. Lo que hace que la gerencia sea tan reticente a cambiar el campo de batalla es que la gente teme a los cambios, general demasiada incertidumbre. Sin embargo, hay que estar atentos porque cambiar puede ser la buena solución.

Los buenos directivos pueden escoger, al menos, entre cuatro tipos de cambios tácticos:

- **Cambiar de mercado**: Steve Jobs (1955-2011), fundador de Apple sacó los PC de las oficinas y los hizo imprescindibles en os hogares, desde donde hizo luego una entrada triunfal a algunos segmentos profesionales, por ejemplo, el diseño.
- **Cambiar de producto**: Bill Gates quiso competir en informática y en lugar de enfrentarse con el súper-gigante del hardware se apoyó en el software. Su campo de batalla se hizo tan grande que la guerra de la informática cambio totalmente de escenario. Un "guerrillero revolucionario", cambió las reglas del juego. (¿Quién sería el campeón hoy si en lugar de reírse del chico Bill los de IBM lo hubieran contratado?)
- **Cambiar el enfoque**: ZARA, líder mundial en ropa de mujer cambió el enfoque de negocio. Ropa con diseño de moda a un precio asequible. Ni siquiera tuvo que explicarlo con campañas de comunicación. El "boca a

boca" y tiendas con clase en localizaciones con tiendas de primeras marcas; pero siempre a precios razonables

- **Cambiar la distribución**: está más adelante en el punto 1.3, a los "clientes" les gusta la ley del menor esfuerzo para ellos. Primero Domino´s en USA y años después Telepizza con un nombre que inicia el proceso de posicionamiento, "pizza en casa" (ver más sobre este nombre en el Paso 4º) revolucionaron la distribución de pizzas, las llevó a domicilio. ¡Un gran éxito!

1.2.- *El "Producto"*

Como ya se ha aclarado, en esta guía, por "producto" se entiende todo aquello, tangible o intangible susceptible de intercambio, en negocios por dinero, en lo político por votos, en el comportamiento social o humano por actitudes. Y, además, todo aquello que promueva o produzca intercambios. Es decir desde un champú a productos de alta tecnología, y desde una PYME a una comunidad de Países, como es el caso de la Unión Europea.

Por eso (insisto, aún a riesgo de ser repetitivo...), en un mundo globalizado con ofertas internacionalizadas, tener un buen "producto", físico o intangible, que se adecue a lo que quieren y esperan los clientes solo significa que estamos preparados para entrar en el juego.

Para ganar; hace falta, además, ser preferido entre la multitud de alternativas disponibles en todas partes. La limitación mayor de un negocio es la presión competitiva.

Lo que hay que entender...

Hoy en día, muchas personas siguen cometiendo el gran error de creer que lo que están vendiendo se limita al producto o servicio propiamente dicho.

Pero en el mundo que vivimos suele haber demasiados productos y servicios que demasiadas empresas tratan de vender a las mismas personas en los mismos mercados; unos productos y servicios demasiado similares, e incluso, a veces, imposibles de diferenciar por sus características medibles.

Los "productos" pasan a un segundo plano y lo que cobra verdadera importancia es la percepción que construyen en la mente de los posibles clientes. La empresa que mejor resuelva el problema que el interesado crea tener, será la que triunfe.

La primera pregunta es: ¿qué significa nuestro "producto" para los clientes?

Hay que entender y aceptar que lo que interesa de verdad a los clientes no son los "productos" (Punto 1-Cap. 4). Lo que realmente les interesa es encontrar una solución adecuada al problema que "creen tener" en un momento determinado. Esperan que el "producto" que escogen se los resolverá adecuadamente. Incluso más adecuadamente que los otros "productos" que la competencia les ofrece.

¡La gente no compra "productos"; compra soluciones a sus problemas!

El producto termina siendo el "beneficio" que el cliente espera conseguir.

Por tanto, para tener éxito, hay que pensar como "Cliente" y no como "Productor". Es muy importante que en el diseño y definición de prestaciones prevalezca la mentalidad "Cliente" sobre la de "Fabricante".

Las principales diferencias entre las dos son:

El "Productor"...	**El Cliente...**
...piensa que hace "productos"	...piensa que compra "soluciones"
... se preocupa de las características "visibles" y medibles	...se preocupa por errores o falta de atributos que son invisibles; pero ellos/ellas perciben
...piensa que son sus tecnologías y medios productivos los que crean los productos	...quiere que los productos se creen de acuerdo a sus deseos y necesidades
... se organiza de acuerdo a la conveniencia de su producción	... considera que sus intereses deben ser "lo primero"
...siempre pretende cumplir y superar un alto estándar (altas prestaciones técnicas)	...pretende un alto estándar de "calidad de vida" (gran facilidad de aplicación y uso)
... piensa que es el "único que lo hace"	...sabe que hay muchos que lo hacen.

Otros aspectos a tener en cuenta

Los "productos" tienen que estar dirigidos a satisfacer las necesidades y deseos de los "clientes" más y mejor que los de la competencia.

Hay algunos factores básicos que le ayudarán a entender "qué es" para los "clientes" el "producto" que se les ofrece:

- **Factores tangibles**: Todos los que, de uno u otro modo, se pueden medir en un "producto". Para el productor, esos factores suelen ser los más importantes, aunque no lo son. No diferencian, aunque Michael Porter crea que sí.
- **Factores intangibles**: Lo que los "clientes" no "pueden ver" es, con frecuencia, más importante que lo que ven. Este es un aspecto muy delicado para los nuevos productos tecnológicos. No tener en cuenta ese aspecto puede representar un grave riesgo para un proyecto nuevo, e incluso provocar su fracaso.
- **Factores periféricos**: Muchas decisiones de compra no se toman en función del propio producto o servicio, sino de otros aspectos adyacentes que pueden resultar relativamente triviales. Conocer en todo momento esos aspectos adyacentes es fundamental para la empresa, es el contexto al que hay que adaptarse y que no se puede cambiar.
- **Factores personales**: Incluso cuando se trata de B2B, intercambios entre empresas, quien toma las decisiones es una persona física y, en una relación personal vendedor-comprador, los factores personales forman parte de la operación.

Comparar nuestro producto o servicio con los de la competencia constituye un magnífico ejercicio que permite conocer nuestros puntos fuertes y débiles y los de esa competencia. Es el "benchmarking" (Cap. 2), pero no se puede quedar en la comparación de lo tangible, tiene que tener en cuenta todos los aspectos. Los "productos" no sólo tienen que "ser", tienen que "parecer"; creando percepciones más atractivas, que los que ofrecen los competidores, en la mente de los "clientes". Es decir: ¡A competir! ¡A rivalizar!

1.3.- *Precio*

¿Quién fija el precio?

Los precios son una herramienta competitiva importante, pero, en general, no muy bien utilizada. Para muchos poner en marcha una nueva estrategia competitiva, comienza por reducir los precios, y nada más. ¡Un error!

Bajar precios debe ser siempre la última solución y sólo hay que aplicarla si los competidores no pueden hacerlo o, cuando lo hagan, ya hayamos tenido tiempo de ocupar una "posición naturalmente ventajosa en la mente de los clientes" apalancados en otro atributo. "Somos más baratos porqué..."

Las experiencias recabadas en todo el mundo, en países tanto desarrollados como en vías de desarrollo, y tanto con productos de uso común como con producto complejos, maduros y novedosos, demuestran que muchas empresas fijan unos precios demasiado bajos, mientras que otras los fijan demasiado elevados. Las primeras pierden margen y las segundas pierden ventas. En ambos casos, pierden beneficios. El arte de fijar los precios debe contribuir a elevar al máximo la rentabilidad total. El diccionario de la RAE define ***precio*** como "valor pecuniario en que se estima algo". ¿Quién debe ser el que lo estime?

El precio es resultado de ese cálculo interno tan común en el que a los costes totales de producción se les agrega un margen. Ya lo advertía Publilius Syrus (85 a.C.-43 a.C.), escritor romano nacido en Siria: "Una cosa vale lo que el comprador pagará por ella". Son los clientes potenciales quienes "estiman el valor pecuniario" que están dispuestos a pagar.

El precio dependerá del valor concedido al "producto", lo que significa que el precio es un elemento de la relación entre la empresa y el cliente. Constituye una parte fundamental de la función de marketing, que no puede decidirse solo en los departamentos administrativos o financieros sin tener en cuenta el mercado y la competencia.

La cuestión no es ¿Cuál es el coste?, sino ¿Cuánto va a admitir el mercado?, teniendo, además, en cuenta, debido al competitivo mundo en el que vivimos; ¿cuánto nos dejará pedir la competencia por el producto o servicio?

¡También los precios se deben fijar desde "afuera hacia adentro"!

Lo primero que tiene que averiguar una empresa es "cuánto están dispuestos a pagar los posibles clientes" para, a continuación, comprobar si esa cantidad basta para cubrir costes y obtener beneficios.

Esa es la clave de la segunda estrategia competitiva caracterizada por Michael Porter. Él decía: "Hay que ser líder en costes". Está muy claro; si el precio lo determina el mercado y nosotros tenemos el coste más bajo, tendremos el margen más alto. Es decir, los que más podremos invertir en innovación y marketing y tener más ventajas competitivas.

Teniendo en cuenta el entorno competitivo, la frase de Publilius Syrus no está completa, hoy: "el precio de una cosa depende de lo que el comprador esté dispuesto a pagar y de lo que la competencia nos deje cobrar por ella".

La contribución marginal puede ser diferente...

Un error bastante común que se deriva de una política de precios basada en los costes, es que hay que aplicar el mismo porcentaje de beneficios a todo lo que se hace.

Esa presunción es totalmente infundada. La manera correcta de trabajar es crear una cartera equilibrada de actividades de margen elevado/volumen reducido y margen reducido/ volumen elevado, o de propuestas competitivas de margen reducido y propuestas no competitivas de margen elevado. El objetivo es elevar al máximo los beneficios netos de la empresa en general.

El aspecto más importante a la hora de fijar los precios es tener muy claro cuál es ese "valor" que los clientes están dispuestos a pagar en cada operación. A veces podría resultar necesario vender un producto o servicio con un margen pequeño, incluso sin él, si estamos seguros de que el cliente va a necesitar nuestros servicios de apoyo o mantenimiento cuando se trabaje con ese producto.

El riesgo de una política de precios de "productos genéricos" (commodities)

El término "producto genérico" implica que existen numerosos productos o servicios que, aunque no sean necesariamente idénticos, sí son muy equivalentes o intercambiables. Los productos genéricos clásicos son los minerales o los vegetales, mientras que los servicios genéricos clásicos son aquellos que no incorporan casi tecnología o know-how.

Un importante riesgo que se corre cuando se trata de competir únicamente mediante la reducción de los precios es el de convertir un producto diferenciado en una mercancía genérica. Un ejemplo es el caso de pequeños materiales, por ejemplo, tornillos, para producción o algunos desechables para gestión, como papel para fotocopias. En cualquier caso, es un error, como muy bien dijo el profesor Levitt, de la Harvard Business School; "descubridor" de la miopía del marketing (Ver Cap. 1), "No hay nada que sea realmente un commodity, todo es diferenciable". Y la diferenciación puede estar en el propio "producto", en la forma de entregarlo, cobrarlo y/o mantenerlo y renovarlo.

Aprovechando frases famosas para reforzar la idea viene al caso la del autor de "El Principito", Antoine de Saint-Exupery (1900-1944); "Todas las generalizaciones son falsas, incluyendo la presente". Pues bien, hay casos en los que se puede competir con éxito manejando el precio. La cuestión es que los "clientes" entiendan los porqués.

La política de precios puede utilizarse estratégica y tácticamente

La política de precios es una herramienta fundamental de la Estrategia Competitiva, que incluso podría convertirse – en situaciones especiales – en la estrategia empresarial de referencia. Hay ejemplos de ambos extremos: Estrategia de precios reducidos y Estrategia de precios elevados. Siempre es mejor la segunda, Porsche y Häagen Dazs son ejemplos.

No obstante, el uso táctico de los precios resulta en ocasiones absolutamente apropiado. Cuando se lanza un nuevo producto o se ataca un nuevo segmento del mercado o una nueva zona geográfica, las primeras ventas pueden ser decisivas. Si la empresa o el producto o servicio son desconocidos, la falta de credenciales o imagen constituye una barrera que frena la compra. Pero hay que tener muchísimo cuidado de no infravalorar el valor percibido de lo que se vende.

Una advertencia, si se decide entrar con precios más bajos siempre hay que usar como referencia los precios a los que queremos llegar y ofrecer a los primeros que compren un descuento sobre esos precios. Eliminar descuentos es mucho más fácil que subir precios.

Un ejercicio muy interesante es tratar de averiguar los precios que los "clientes" estarán dispuestos a pagar; tiene sus limitaciones, pero no intentarlo es aún mucho peor. Cuanto mejor lo hagamos, mayor será la rentabilidad que obtengamos.

1.4.- *Distribución-Accesibilidad*

¡Que sea "Cómodo"!

La distribución desde la perspectiva de los "clientes" es la comodidad de acceder al "producto".

Recapitulando lo dicho en puntos anteriores un "cliente" pasará de potencial a real cuando perciba que lo que se ofrece le aporta un "beneficio" que soluciona el problema que él o ella cree tener, lo que recibe tiene para él o ella un valor superior a lo que va a dar a cambio, dinero o lo que sea, y el esfuerzo que tiene que hacer para conseguirlo se justifica. Sino, no va a "comprar". Por tanto, quien ofrece debe de ser consciente de que los problemas operativos y logísticos, como los costes en la composición del precio, no es lo que preocupa a los clientes. Lo que les preocupa es el esfuerzo físico o intelectual que ellos tendrán que hacer para disponer o disfrutar del producto o servicio. Es su "comodidad" lo que importa, que el esfuerzo sea conveniente, oportuno, acomodado, fácil, proporcionado. La operación logística que quien ofrece tenga que estructurar para que le llegue, no le preocupa en absoluto.

Aquí conviene matizar el concepto "comodidad". Cuando se trata de un producto físico es fácil de entender. Desde un envase adecuado hasta la entrega "a domicilio" ó "just in time", en el momento preciso que lo necesite (ni antes ni después).

Ejemplos de éxito por diferenciar la propuesta en base a comodidad pueden ser:

- Domino´s en USA o Telepizza en España: casos ya mencionado en el Capítulo 6 y a los que se vuelve en el Paso 4º. La pizza "en casa" que se ha pedido por teléfono y llega antes de que se enfríe. Por qué medios llega es igual. Es algo muy "cómodo" para resolver una comida...
- La Bruja de Oro: la administración de lotería que más vende en España. En un pueblo de montaña en los Pirineos, cerca de Francia y "in middle

of no where". Cómo no le permiten abrir sucursales fuera de su pueblo, decidió comenzar a ofrecer sus décimos por internet y los envía por courier a domicilio, no solo en España, también a Alemania, Francia, Canadá, China o cualquier país desde el que se lo pidan Ha para promover muy bien los premios que han tocado a sus clientes para promoverse como especialmente afortunado, se ha hecho famosa por ello y, Tmbien" a que es más "cómodo" recibir la lotería en casa que ir a buscarla. ¡Es el líder en ventas en España!

- Hace unos años trabajamos para la tercera empresa de cerámica y material sanitario, SALONI (España es el tercer fabricante mundial y el segundo exportador). Propusimos que en lugar de enviar a las obras los productos (cerámicas, lavabos, sanitarios, grifería) por separado prepararan palets individuales con todo lo necesario para cada espacio (cocina, baño, lavadero). Una idea práctica que facilita el trabajo de los constructores y reduce la manipulación en obra con reducción de costes y riesgos de rotura.

Aquí es oportuno mencionar que la mayoría de los análisis sobre distribución se refieren a bienes físicos, pero no hay que olvidar que cuando se venden servicios son dos los aspectos fundamentales que afectan a la "comodidad" del comprador:

- Explicar de qué se trata y en que va a consistir (determinar el "alcance de los trabajos"), de forma que el comprador entienda, independientemente de su nivel intelectual o profesional. Si no entiende qué se le ofrece, no comprará.
- La prestación del servicio propiamente dicha. El cliente debe percibir que el servicio lo dan expertos, que efectivamente es algo positivo y útil, un "beneficio"; para él o ella que se podrá medir de forma concreta.

En muchos países han surgido los últimos años servicios de asesoría legal, laboral, económica, para impuestos que se cobran con una cuota mensual, no muy alta, y ofrecen a cambio el asesoramiento profesional cuando el abonado lo necesite. Es como los seguros, el beneficio viene de los clientes que pagan el servicio, y que no lo utilizan nunca.

Internet como aliada en el ámbito de la comodidad

Internet se está convirtiendo en una nueva forma de promover y poner los productos al alcance de los clientes actuales y potenciales, modificando el concepto básico de la distribución y la accesibilidad.

En la actualidad, el concepto de accesibilidad se reduce a la transmisión de información y la realización de pedidos de compra, aunque no resuelve el problema de la entrega de los productos intangibles.

Según el tipo de producto, la web debe orientarse a lo transaccional, el caso de libros y discos; o lo informativo en empresas de servicios. Son muy pocos los intentos conocidos orientados a vender servicios "one to one" (consultoría, gestión, etc.) que hayan funcionado.

Internet es una nueva manera de estar en contacto con los clientes para informar y despertar en ellos un interés por nuestras propuestas.

Hoy en día es imprescindible "estar" en Internet, el "ser o no ser" en la Red es tan fundamental como lo explicaba el Hamlet de Shakespeare.

Eso si, siendo conscientes de que Internet es un cambio de forma más que de fondo. Es una herramienta más eficiente y, posiblemente, eficaz para que el proceso se desarrolle mejor y más rápido. Pero las claves fundamentales que condicionan la toma de decisión poco cambian.

Dicho de forma coloquial: Internet ya es el futuro, pero aún no se sabe cuanta parte del futuro llegará a ser.

Logística Inversa

Cómo habrá dicho algún sabio "siempre hay cosas nuevas para inventar"

También en distribución, es decir en "comodidad" para los clientes. hay muchas cosas por hacer.

Una de ellas es todo lo relacionado con logística inversa. Es la que se encarga de resolver a los clientes lo que tiene que ver con la recuperación y reciclaje de desechos y residuos, consecuencia del proceso productivo, así como facilitar la devolución o ayudar a la venta de equipos que se quedan obsoletos. Hemos pasado de productos de larga duración, a los que se hacía mantenimiento y reparaciones para extender su vida útil, a productos que es más fácil y barato renovar que reparar. Por ejemplo, la ropa usada es ahora uno de los residuos más abundantes en países desarrollados.

Pero bien, pocas son las empresas que cuando hacen una oferta a sus clientes contemplan este aspecto. Un aspecto que en muchas ocasiones genera importantes incomodidades, de tal manera que si se ofrecieran soluciones eficaces desde el principio, quien las ofrezca tendría ventajas sobre los competidores.

Opinión personal: es muy probable que quién tenga una buena idea para renovar equipos informáticos de sus clientes sin dar la impresión o sensación de que se "tiran a la basura" hará un gran negocio y mejorará notablemente su competitividad...

1.5.-*La Competencia*

Competidores: En esta "guerra empresarial" hay que verlos como "los enemigos"

La competencia procede de diversos lugares y fuentes, muchos de ellos no tan evidentes como se puede pensar. El análisis de la competencia y la comprensión adecuada del escenario competitivo son elementos fundamentales de un Plan Estratégico.

De hecho, el principal problema en el súper-hipercompetitivo mundo actual es cómo competir con eficacia. Hoy en día no resulta difícil conocer a los posibles clientes, lo realmente difícil es conseguir que esos posibles clientes conozcan (y diferencien) nuestro producto o servicio, nuestra empresa, nuestro país o ciudad, incluso a nosotros mismos.

Como ya se ha dicho, todavía son relativamente pocos los directivos de empresas e instituciones públicas y privadas que prestan la atención que merece el estudio de la competencia en un Plan Estratégico. Probablemente sea más importante que la capacidad propia, porque esta siempre habrá que analizarla a partir de la capacidad de los competidores.

Hay que insistir en un principio, ya mencionado antes, que no se puede ignorar en nuestros días; se pondrá vender aquello que nuestros clientes "deseen" y nuestros competidores "nos permitan".

No es fácil caracterizar todas las formas posibles de competencia, pero al menos podemos mencionar a seis:

- Los propios clientes potenciales, por dos motivos:
  - Que crean que pueden vivir sin nuestro producto/servicio.
  - Que crean que pueden resolver sus problemas sin ayuda.
- Otros proveedores de productos o servicios idénticos o similares.
- Proveedores de productos o servicios que ofrecen "beneficios" equivalentes.
- Otras formas de resolver el mismo problema, aunque el "beneficio" no sea exactamente el mismo.
- Otros competidores que tratan de conseguir una parte del presupuesto del cliente (nuestra propuesta puede no ser una prioridad en la escala de necesidades del cliente)
- El entorno y sus circunstancias que pueden incentivar o retraer la demanda.

Fuentes de información sobre la competencia

No es tan difícil en un mundo sobre-comunicado. Se puede recurrir a muchas fuentes. Algunas de ellas son:

- Entrar en "Google" y "mirar
- Información del sector, local e internacional.
- Clientes, los que nos son fieles y, especialmente, los que se nos van ¿porqué se van?
- Equipo de ventas (Los comerciales "trabajan en la calle". Conviene prestarles atención, aunque hay que darles un método a seguir)
- Pedir propuestas o, todavía mejor, comprar los productos o servicios de la competencia (directamente o a través de terceros)
- Entrevistas y contratación de personal (Contratar al personal de la competencia es una de las mejores formas de aprender cosas de ella)

- Conseguir informes sobre la competencia de cuando en cuando.
- Leer la prensa.

Aunque no siempre se puede acceder a estas fuentes, una cosa muy importante, que debe tener una empresa preocupada por sobrevivir, es crear el hábito interno y desarrollar una metodología de recabar información sobre la competencia. Como en el ejército, organizar una Dirección de Inteligencia, con objetivos, responsabilidades y presupuesto suficiente es una buena idea.

Advertencia: Cuidado no indigestarse con datos que solo confunden; pero no son útiles para tomar decisiones.

¿Cuáles son los puntos fuertes y débiles de los competidores?

Se trata de un ejercicio muy útil para contrastar los puntos fuertes y débiles relativos de nuestra propia empresa y de nuestros principales competidores. Podría hacerse en forma de análisis DAFO, expresando las fortalezas y debilidades / las oportunidades y amenazas en forma de cuadrícula.

A la hora de llevar a cabo este ejercicio, la objetividad resulta fundamental. Conviene trabajar en ello con una actitud muy crítica hacia nosotros mismos. Es necesario que estemos dispuestos a tomar nota tanto de las cosas buenas como de las malas. Debemos intentar ver la situación a través de los ojos de quienes "son" el mercado, no con nuestros propios ojos, para "verla" cómo nosotros quisiéramos que fuera.

1.6.- *El Cuadro Estratégico*

Los negocios, como el ajedrez, son una alegoría de la guerra. No se trata solo de mejorar nuestra posición, hay que complicar la de los competidores, especialmente los más directos.

Jack Trout (ex oficial de la Marina de los EE.UU.) y Al Ries fueron los primeros en hacer esta observación, allá por los años 80, en un libro titulado *Marketing de Guerra* (traducido a más de 20 idiomas). El libro fue premonitorio. Después se rescató de las bibliotecas el Sun Tzu, libro chino sobre el arte de la guerra escrito en el Siglo II a.C. y aparecieron montones de supuestos expertos en "estrategia militar" escribiendo sobre el tema.

El escenario super-hipercompetitivo actual hace que la situación treinta años atrás se parezca a una fiesta de cumpleaños. En todos los puntos del globo están multiplicándose y estallando "guerras" empresariales. No está de más volver a recordar la frase ya mencionada; "Todo el mundo va detrás de los clientes, en todo el mundo, las 24 horas del día, los 365 día del año".

La gestión empresarial ha estado muchos años distraída atendiendo sólo a los "productos". Después de darse cuenta que el "producto" tenía que encajar para vender más; se centró en orientarse al "cliente". Había que ofrecer lo que el cliente quisiera o deseara. "Producir lo que se vende y no vender lo que se produce", se decía.

Prácticamente los últimos cincuenta años del siglo XX el cliente ha sido el Rey Supremo. Pero ahora parece que este Rey ha sido defenetrado y muchos siguen "adorando a un recuerdo". Saber lo que quiere el cliente y ofrecerlo es imprescindible; pero ya no ayuda mucho cuando hay cientos, incluso miles, de empresas intentado hacer lo mismo.

El problema de Zara no es el /la cliente. Es H&M, C&A, Mango, Primark y los miles de pequeñas tiendas y diseñadores especialistas de moda que existen en los mercados en los que ZARA está presente.

Es como una guerra en la que el "enemigo" es la competencia y los clientes el "territorio" a defender o conquistar.

Para que una empresa tenga éxito debe orientarse a sus competidores. Debe identificar los puntos débiles de la posición de sus competidores dentro de la mente de los clientes y luego lanzar ataques en esos puntos débiles.

Hasta ahora la mayoría de los planes estratégicos clásicos incluyen un corto apartado sobre la competencia. Generalmente hacia el final hay una sección, o un anexo, que suele titularse "Análisis de la competencia". Pero la mayor parte del plan se dedica a describir el mercado, identificar sus segmentos más importantes, estudios econométricos de oferta y demanda y, también, muchas páginas de análisis cualitativos y cuantitativos extraídos de interminables grupos motivacionales y pruebas de concepto y mercado.

Ahora estudiar en profundidad a los competidores debe ser uno de los capítulos más importantes, o el más, de cualquier planteamiento estratégico. Hacer una "radiografía" detallada de cada uno, comparar todas y cada una de las propuestas que hagan con la nuestra permitirá que el plan contemple la forma en que podremos destacar nuestras fortalezas y disimular nuestras debilidades. Al mismo tiempo que destacar las debilidades y disimular las fortalezas de cada uno de los competidores actuales o potenciales, especialmente los principales.

Incluso llegará el día (nosotros lo recomendamos desde ahora) en que se incorpore en el propio plan estratégico un expediente profesional y personal de cada uno de los directivos de la competencia. Un expediente que incluya sus tácticas favoritas y el estilo de actuación, puede que también sus hábitos personales y sus amistades. Un documento no muy diferente al que elaboran los servicios de Inteligencia Militar sobre sus enemigos en los que un análisis detallado de los perfiles personales es una pieza clave.

¿Como definir una estrategia?

Hay que estar preparados para la "guerra empresarial". Las campañas que busquen tener éxito tendrán que planificarse como campañas militares de conquista.

La planificación estratégica competitiva es cada vez más importante. Las empresas tienen que aprender a defender su posición, anticipar y neutralizar los movimientos de sus competidores y atacar cuando convenga.

Se trata pues de que cada uno encuentre la estrategia competitiva más adecuada a sus circunstancias. Pero es importante entender que la estrategia más adecuada no es el resultado de analizar nuestra posición como si fuera un match de golf, si no la posición relativa respecto de los competidores, como se dijo antes, como una partida de ajedrez.

Hay que conocer la posición del competidor tan bien como la propia en el entorno donde se va a competir. A partir de ello se podrá determinar cuál es la estrategia con mayores posibilidades de éxito.

En el libro *Marketing de Guerra* se caracterizan cuatro tipos de estrategia posibles. Es lo que hemos llamado el Cuadro Estratégico:

Lo primero, y más importante, es situarnos en el cuadrante correcto en función de nuestra posición relativa con respecto a los competidores. Luego seguir los consejos que damos a continuación para cada caso.

Defensa: es la estrategia para el líder.

El liderazgo está reservado para aquellas empresas a las que los clientes perciben como líderes, que generalmente coinciden con las que más venden. Proponerse como "el líder" sin serlo en realidad es un riesgo enorme y da una coartada a quien lo sea para atacarnos.
La principal función de un líder es defender, resistir en su posición sabiendo que es el blanco de los ataques de los demás competidores. Un líder gana si no pierde. Tiene que ser muy exigente consigo mismo, la conformidad es el peor enemigo de un líder.
Pero un líder eficaz debe bloquear los movimientos de la competencia. Cuando, sin que nadie los esperara, ni los clientes lo desearan o necesitaran, Bic presentó su maquinilla desechable Gillette respondió con gran rapidez y presentó su Good News, también desechable.
¡Este es un líder!

Ataque: es la estrategia para el segundo o tercero en el mercado.

Se debe identificar una debilidad en la fortaleza del líder y atacar en ese punto, concentrar todos sus recursos allí. Hay que evitar que el

líder crezca más. Buscar la superioridad "numérica" en el punto donde se ataque.
El caso histórico más conocido de la aplicación de esta estrategia es la que llevó a cabo Pepsi-Cola A finales de los 60, con John Sculley (1939-) como responsable. Se recuerda como el "Pepsi Challenge". Pepsi atacó a Coca-Cola en la debilidad de su fortaleza, era "lo auténtico", era lo de siempre; así que Pepsi se propuso como "Lo nuevo" y decía "Si eres joven bebe Pepsi". Un mensaje aparentemente para jóvenes; pero que enseguida lo "compraron" los mayores que querían sentirse jóvenes. Esa campaña quitó el liderazgo a Coca Cola. Las cosas le fueron muy bien mientras mantuvo el enfoque concentrado en esta idea. Después Sculley fue contratado por Apple, llegó otro responsable de marketing a Pepsi y ha sido otra historia, ahora ya, probablemente, ni los directivos de Pepsi-cola saben cuál es su idea diferenciadora. (¡Ah! Sculley en Apple fue un fracaso...)
Siempre hay una debilidad en la fortaleza. El tamaño obliga a dar un servicio más masivo e impersonal. El ser el más grande puede hacer que las instalaciones se hayan quedado antiguas. El ser más multinacional puede limitar las posibilidades de adaptación a cada mercado local. Etc., Etc.
Eso sí mucho cuidado; porque un error puede costar muy caro, un líder que reacciona puede ser muy peligroso. Pero seguro que hay una oportunidad para el segundo. Eb cuanto el líder se distraiga: ¡zas!

Flanqueo: es para los medianos o los que intentan entrar en la competición.
Es una estrategia orientada a conquistar áreas (segmentos de mercado) que no estén en disputa entre los grandes. La sorpresa es fundamental. Hay que preparar el ataque con gran sigilo y ejecutar la maniobra lo más rápido posible. Normalmente será una nueva idea que sorprende a los grandes que ya están en la competición y que no reaccionan inmediatamente, lo que da tiempo al nuevo a ocupar un espacio.
Cuando un chico de diecinueve años, Michael Dell inició su actividad como fabricante de PCs sabía que tenía muy pocas posibilidades de encontrar espacio para sus equipos en los grandes almacenes de informática. En ese momento nadie creía que se podría vender estos productos por correo, el e-commerce no existía. rompió las reglas

establecidas. En solo cinco años ya vendía Ochocientos Millones de Dólares en EE.UU.; lo que ocurrió después lo sabe casi todo el mundo.

Guerrilla: es el mundo de los PYMES.
El primer principio para un guerrillero es encontrar un segmento de mercado lo suficientemente pequeño para poder defenderlo y suficientemente alejado de los grandes, de manera que a ellos les resulte más caro atacarlo que dejarlo vivir. Es lo del pez grande en un estanque pequeño.
No importa el éxito que se alcance como guerrillero, nunca se debe actuar como un líder. Sentirse triunfador es lo que liquida a las empresas guerrilleras que progresan.
Es lo que en el terreno militar se llama "guerrilla terrorista". Gente que sabe que su única posibilidad es sobrevivir y hostigar; pero nunca dominar grandes territorios. Ferrari ó Rolls Royce son ejemplos de guerrilleros en el mundo de los automóviles. Rolex en el mundo de los relojes. Chanel en el mundo de la moda.
Puede ocurrir que después de nacer como "guerrillero terrorista" se transforme en "revolucionario" y cambie el campo de batalla donde llegará a ser el líder. Un caso claro es Microsoft que llegó a dejar a IBM sin negocio...

1.7.- *Internacionalización*

La piedra angular

La internacionalización tiene que ser una decisión y un compromiso de primer nivel. Si el presidente o director no se implican de manera clara, todos los esfuerzos serán en vano. Deben viajar a "la frontera"...

"Hay que globalizarse". Este fue el consejo que nos dio ya en 1983 Theodore Levitt, cuando publicó su famoso artículo *La globalización de los mercados*. Desde entonces, la globalización se ha convertido en el tema central de todas las estrategias de crecimiento y diversificación.

El plan lógico es "viajar" con una marca global única que ofrece una gran idea diferenciadora única por todo el mundo, desde Londres a Tokio y desde Oslo a Ushuaia. La marca es reconocida igualmente en todas partes, tanto por los nativos como por los viajeros. Un solo nombre y un solo diseño global, reducen costes de producción. Se usan siempre los mismos anuncios, significa que hay un gran ahorro en publicidad. Y las agencias de publicidad también están contentas: tienen menos trabajo y, de todas formas, cobran mucho. Apple, Coca-Cola, Nike, Toyota, KPMG, ZARA son ejemplos claros.

El éxito es de los especialistas globalizados. "Thnk global, act local".

Hay que jugar la pelota como esté...

Los jugadores de golf saben algo que muchos directivos de empresa no parecen aprender nunca: hay que dar el golpe donde esté y como esté la pelota. Las reglas no permiten acomodarla para darle mejor.

Es decir, aquello del refrán español, "allí donde fueres haz lo que vieres. La pretensión de "imponer" no funciona para conquistar mercados, eso de hacer marketing repetitivo a un producto estándar, con un mensaje idéntico en todo el mundo es una utopía.

Aunque el producto básico puede ser universal, el producto final deberá adaptarse a las diferencias de cultura, legislación y capacidades de producción locales. Las necesidades y deseos de los clientes no son iguales en todas partes. Y no olvidemos a la competencia local. Para cuando se pueda llegar al otro lado del mundo, una empresa local puede haberse apropiado la idea diferenciadora y estar viniendo a robarnos clientes en nuestro propio mercado. Eso hizo Telepizza en España con Domino's Pizza de EE.UU.

La internacionalización como elemento de competitividad

La globalización es un fenómeno irreversible y, por tanto, la expansión internacional de las empresas, las instituciones o los países es una obligación inexcusable.

Esa internacionalización debe comenzar por aceptarla como una realidad. No vale pensar que será posible parapetarse en un ámbito geográfico controlado o en un sector de actividad exclusivo y excluyente. En cualquier momento puede aparecer un competidor peligroso allí donde menos se espera.

Es imprescindible, estar informados de lo que ocurre en mercados más maduros y cuáles son las tendencias del sector. ¡Hay que intentar anticiparse! Después, hay que obtener ingresos de la actividad en otras latitudes. Para ello hay que mantener la mente abierta y la atención despierta para aprovechar las oportunidades donde surjan, cuando surjan. Más que hablar de exportación o internacionalización, hay que hablar de nuevas oportunidades allí donde estén.

Pero, ¡cuidado! Aprovechar nuevas oportunidades fuera de los entornos habituales no puede ser el resultado de una huida hacia delante. Como también decía el General George Patton, "un héroe no es más que un cobarde que equivoca la dirección de su huida". Por eso él prefería a los cobardes, ya que podrían servir para otra guerra.

La internacionalización debe ser la continuación de un éxito local comprobado. Querer solucionar la situación fuera, si no se supo hacer "en casa", es como los héroes, equivocar el sentido de la huida.

Paso 2º: Diferenciarse (o Morir...)

2.1.- *El check-list para comenzar.*

Una vez que se haya analizado y entendido el escenario competitivo hay que identificar una idea diferenciadora que dará soporte al Principio KICS. Pero mucho cuidado, no se trata de inspiración, requiere mucho esfuerzo y mucha "transpiración". Es la búsqueda del arma táctica que nos hará ganar las batallas en la mente de los clientes, no una frase bonita que resulte simpática. No se puede olvidar nunca que el objetivo final del Principio KICS es vender, no sólo gustar.

Lo primero en el Paso 2º será contestarse estas preguntas.

¿Qué posición ocupamos?
La respuesta tiene que ser el resultado del Paso 1º.

¿Qué posición queremos/podemos tener?
Cuidado, no equivocarse; la posición será en la mente de los "clientes" y aquí es donde hay que elegir un buen "telescopio" y tratar de determinar la mejor "posición" más competitiva que se puede alcanzar; teniendo en cuenta la capacidad relativa y pensando en términos de largo plazo.
Tener cuidado de no confundir "querer" con "poder". Las utopías suenan bien en los Consejos de Administración, pero suelen ser irrealizables. En este punto, la objetividad es la clave. Aunque la objetividad es algo que escasea cuando los responsables de las empresas tienen que opinar sobre ellos mismos o sus propios asuntos.

¿A quién tendremos que desplazar?
Cuando alguien quiere ganar algo, otros tendrán que perderlo. Elegir bien al enemigo es crucial en una guerra. Si hay que competir, no se trata sólo de decir lo bueno que somos. Hay que encontrar una forma de reposicionar a la competencia. Un caso famoso es el de AVIS contra Hertz. "Sólo somos el nº 2, ¿por qué contratar con nosotros?" decía AVIS. "¡Por qué tendrá que hacer menos cola y esperar menos!" terminaba "Como sólo somos el nº 2, nos esforzamos más". Esta idea les llevó a rozar el liderazgo. Pero Hertz no se quedó mirando. Por un tiempo su concepto fue "En alquiler de coches, Hertz y poco más...". La gestión en una empresa es más una partida de ajedrez, donde el contrario condiciona nuestro juego.

2.2.- *Una idea diferenciadora. La Táctica.*

¡Es la clave del Principio KICS!

Así pues, una vez estamos completamente seguros que el producto o servicio o la propia empresa o institución, lugar, persona cumple o supera el umbral de prestaciones que esperan los clientes, hay que identificar una "idea diferenciadora" que permita lograr el segundo objetivo, instalarse y permanecer en una posición ventajosa dentro de la mente de esos "clientes".

Según la definición de RAE:

idea.(Del lat. *idĕa,* y este del gr. ἰδέα, forma, apariencia).
1. f. Primero y más obvio de los actos del entendimiento, que se limita al simple conocimiento de algo.
2. f. Imagen o representación que del objeto percibido queda en la mente. *Su idea no se borra jamás de mi mente.*

El diccionario de la RAE lo expresa con total claridad es lo que facilita el conocimiento de algo, lo que ofrecemos, y que queda grabado en la mente. Para lograr que sea así, habrá algunos aspectos a tener en cuenta:

- Aunque todos los sabemos, conviene recordarlo: Ser "diferente", es no ser igual.
- Por tanto, hay que encontrar alguna referencia que nos "diferencie" de los competidores.
- Esa diferenciación no tiene que ser necesariamente visible; pues no es lo que se haga con el producto o el servicio, sino algo que hay que hacer en la mente de los clientes para que vean nuestra propuesta como algo "especial".
- Finalmente, esa "idea diferenciadora" debe de ser clara y simple, se tiene que entender "a la primera", los que la vean no dedicarán ni un segundo en descifrarla.

Con la "idea diferenciadora" se ganará la "batalla" en la mente de cada cliente. Una vez que los interesados hayan analizado el "producto" de forma "objetiva", lo deben "percibir" como mucho más ventajoso que los que ofrecen los competidores.

La idea que va a crear esa percepción es la "táctica", en terminología militar, lo que nos hará "ganar batallas". La táctica desarrollada de forma coherente y coordinada, será la base de la estrategia que permitirá "ganar la guerra". Y la estrategia es el uso de las batallas para el fin de la guerra. Esto es, en terminología empresarial, atraer clientes para conquistar y fidelizar la cuota de mercado que más interesa.

Está claro que la mayor dificultad no es entender la metodología, sino aplicarla correctamente. Como en cualquier ciencia social, que trata la relación entre personas, conocer y comprender las leyes es fácil lo difícil es encontrar la solución más adecuada en cada caso.

Con la seguridad de que el "producto" es suficientemente bueno hay que "construirle" una imagen en la mente de los clientes que lo diferencie y lo haga preferido. Aquí no hay que dejarse llevar por las ilusiones y los espejismos. Hay que lograr la mejor imagen que se pueda tener. Un error común es querer construir un imposible. Haciendo una comparación exagerada una empresa de yogures artesanos en una pequeña ciudad con diez empleados, no puede aspirar a parecer del mismo nivel que la multinacional DANONE.

Una idea es, pues, la táctica que hará volcar la decisión del cliente potencial hacia nuestra propuesta, nos hará ganar la "batalla" a los competidores en la mente de cada cliente.

¿Qué clase de idea? ¿Dónde se puede encontrar una? ¿Cómo sabemos cuál es la mejor? Estas son las cuestiones básicas a responder.

Así pues, esto de la idea diferenciadora requiere alguna reflexión.

Para responder estas preguntas resolver, es necesario identificar la idea diferenciadora. La llamamos el "ángulo mental competitivo", así le bautizó Jack Trout porque se trata del enfoque más eficaz para entrar en la mente.

Hablábamos de "competitivo" porque para tener una oportunidad de éxito tiene que ser "más atractivo" que los que proponga la competencia. Esto no significa necesariamente un "producto" o servicio más completo, significa que debe haber algo que lo diferencie en la mente de cada cliente. Pero más que cambiar el producto se trata de que el cambio producto un cambio en la mente. De lo que se trata es que cuando el cliente potencial analice y compare las alternativas que ofrecemos nosotros con las de nuestros competidores, sea nuestra propuesta la percibida como la más adecuada para él o ella. La táctica, el ángulo mental competitivo, es lo que nos permitirá ganar "batalla a batalla", cliente a cliente, para tener posibilidades de ocupar la mayor cuota de mercado que tengamos capacidad de atender.

La idea es un "clavo" que se clava en la mente y fija la "posición".

¿Cómo encontrar una idea?

La advertencia más importante es que la idea no puede partir de las necesidades internas de la organización. Muchos emprendimientos se ponen en marcha para llenar una capacidad ociosa interna. Eso es pensamiento de "adentro a fuera", un error muy grave. Es uno de los errores que mayores catástrofes han producido. Pensando desde "dentro" no se tiene en cuenta el "escenario" exterior, al que hay que adaptarse y no intentar que sea el "escenario" el que se adapte a nuestros intereses. Recordar la Frase del General George Patton que se menciona en el Cap. 1.

Ahora tampoco se trata sólo de "servir al cliente". Muchos, como se explicó en el punto anterior, viven en un mundo irreal. Siguen creyendo que el mercado es virgen y jugamos a algo parecido al golf en el que el resultado solo depende de la habilidad del propio jugador. Ya no existen los mercados vírgenes (Cap. 3), la realidad es que nos moveremos en un entorno que consta de clientes que están ligados de forma débil, o fuerte, a nosotros o a algunos de nuestros competidores. Lo recordamos otra vez; es como un ajedrez múltiple en el que varios jugadores tratan de dominar su trozo de tablero y complicarle la vida a quienes dominan otros trozos.

La idea diferenciadora, en un entorno competitivo, debe orientarse fundamentalmente a la competencia. Por principio la única táctica que podrá ser eficaz es la que se oriente a defender los clientes que ya tenemos, quitar algunos a los competidores y a captar indecisos.

Algunas aclaraciones importantes. Cuando se es líder, el mayor competidor somos nosotros. En el cuadro Estratégico (Paso 1º) está claro que para mantener el liderazgo lo importante es competir permanentemente contra uno mismo. Si nos distraemos alguien ocupará nuestro sitio. Aquello de "no dormirse en los laureles".

Y cuando se compite con el líder o alguien claramente superior de poco valdrá una idea relacionada con que nuestra oferta es "mejor", hay que hablar de "nuevo", no de "mejor". Hoy la gente prefiere novedades y le es más fácil cambiar a algo "nuevo" que a algo "mejor". Si alguien nos convence de que su oferta es "mejor" que la que compramos ahora es como reconocer que hasta ese momento hemos estado equivocados usando el "producto" que no era, y a los seres humanos no nos gusta aceptar errores.

Algunas referencias importantes para la idea.
A la hora de buscar esa diferenciación se recomienda tener en cuenta las recomendaciones del Dr. Robert Passikoff, presidente de Brand Keys. (www.brandkeys.com) y creador del CLEI (Customer Loyalty Engagement Index) que mide la fidelidad y compromiso de los clientes con las marcas que utilizan. Esa fidelidad y compromiso es resultado de la empatía de los clientes con sus marcas, es decir de tener en cuenta aspectos emocionales con racionalidad a la hora de buscar la idea diferenciadora.

Los principios de Passikoff son diez:

i. El cliente tiene en su mente "un producto ideal" al que nuestro "producto" debe parecerse lo más posible.

ii. Hay que saber fusionar lo emocional y lo racional. Los clientes son siempre personas físicas, seres humanos, que toman decisiones subjetivas para ellos mismos o para otros y sus comportamientos estarán condicionados por las emociones que se les provoquen.

iii. Los clientes toman la decisión en función de referencias concretas ("los motores de decisión"), básicamente atributos, beneficios y valores (ABVs) que confían que va a tener el "producto" que han decidido comprar.

iv. Las referencias son distintas para las distintas categorías. Los "motores de decisión" no son los mismos para vino que para cerveza o refrescos y cambian si hablamos de los mismos productos en versión light. Si se trata de una compra técnica no son los mismos para decidir la compra de equipo de laboratorio que una gran máquina de movimiento de tierras.

v. Los criterios de medición de la fidelidad y compromiso de los clientes se pueden incorporar facilmente a las investigaciones periódicas, son métricas cuya variación se puede apreciar con claridad si la investigación se hace bien.

vi. El comportamiento y compromiso de los clientes es medible con ecuaciones estructurales relacionadas con los ABVs.

vii. Reconocimiento no es compromiso ni fidelidad. Hay marcas que todos conocemos; pero que nunca compraríamos, porque no nos gustan o no tenemos capacidad.

viii. Satisfacción no es fidelidad. El mundo está lleno de clientes satisfechos que buscan nuevas experiencias...

ix. El proceso de decisión es siempre más emocional que racional. Lo emocional pesa aprox. el setenta por cien en la decisión, aún en compras técnicas. Aspectos como cuidar el puesto, temor a hacer el ridículo, tener problemas de implantación tienen mucho que ver con emociones.

x. El análisis debe hacerse siempre "con los ojos del cliente". Lo que ya se ha dicho, hay que pensar de "afuera hacia adentro".

2.3.- *¿Cómo debe ser el concepto que dé soporte a la idea?*

La expresión de la idea que nos va a diferenciar se tiene que soportar en palabras que la expresen de forma que el que las escuche entienda, le interese, se motive y "compre". Se trata de encontrar un concepto, es decir un "pensamiento expresado con palabras" una "sentencia, frase aguda, dicho ingenioso" (sic. RAE)

Ese concepto debe trabajarse muy bien y conviene que cumpla los siguientes requisitos.

- **Simple:** que se explique por sí solo y el cliente entienda a la primera.
- **No complicado:** que no obligue a pensar. Los clientes potenciales no estarán dispuestos a distraer su tiempo en algo que no saben si les va a interesar. Si no entienden no prestan atención y no compran.

- **No ser superficial:** hay que tener mucho cuidado con el humor y el esoterismo.
- **Lógico:** tiene que encajar en el contexto, no se habla igual en el sector lácteo que en el de bienes de capital.
- **Racional:** para provocar el comportamiento que buscamos hay que crear percepciones positivas que motiven y provoquen comportamientos emocionales, pero el mensaje tiene que "parecer" racional.
- **Competitivo:** si se trata de diferenciarse hay que mirar qué hacen los demás para ser distinto y parecer mejor.
- **Sostenible:** como ya se ha dicho esta es "una apuesta a largo plazo", la idea debe mantenerse muchos años...

Es evidente que, como casi todo lo relacionado con la comunicación, la teoría siempre es mucho más sencilla que la práctica. Cada vez que alguien decide afrontar una situación de este estilo, para mejorar la imagen y aumentar la competitividad, se encuentra que no hay fórmulas ni recetas para la solución. Cada caso es un caso que requiere una solución especial.

Volvo es uno de los mejores ejemplos. Su éxito es el resultado de aplicar los mismos criterios que valdrían para empresas de cualquier tamaño y sector. Se mencionó en el Cap. 5. En el mundo del automóvil es reconocido desde hace setenta años como el coche "seguro" por excelencia; y sigue siéndolo, a pesar de graves errores producidos por directivos equivocados a lo largo de su historia. Aún hoy en casi cualquier país del mundo, cuando se pregunta "¿Cuál es el coche más seguro?" la respuesta espontánea es "Volvo".

La idea "seguridad", fue casual en Volvo; pero se la han apropiado. De momento, aunque muchos lo intentaron, nadie se las ha podido quitar. Está "marcada" en la mente de los conductores. Es una idea tan arraigada que cuando la compró Ford en el 2000 (Ahora Volvo pertenece a un grupo inversor Chino) intentaron cambiarla apoyándose en el "diseño sueco". ¡Un fracaso! En el 2002 tuvieron que volver a la seguridad y allí siguen y tienen que seguir. Tal vez si no se hubieran distraído con el intento de "expandir la línea", hubieran tenido la oportunidad de apropiarse de la "seguridad urbana" que perciben los usuarios de los 4x4. Estos han creado la percepción de "fortalezas rodantes" que protegen a sus conductores en unas ciudades cada día más inhóspitas. Y Volvo distraído con su "Design ReVolvolution"...

2.4.- *Reflexiones para encontrar ideas*

i. **Analizar de "afuera-adentro"**: Al aplicar el Principio KICS no olvidar que los mercados son personas y la "objetividad" es la "subjetividad generalizada" (Cap. 4). Como se ha dicho el "mejor producto" es aquel que más "clientes" lo perciben como "el mejor". Es resultado del sentido común, lo que piensa la mayoría, que no tiene que ser necesariamente lo más racional ni objetivo es lo que vale. Lo importante para alguien que quiere influir en la decisión de otros es aceptar y respetar su opinión y tratar de adaptarse a ella. Insistimos, el "posicionamiento", la "idea diferenciadora", no se refiere al producto o servicio, sino a lo que se hace con ellos en la mente de los posibles interesados.

ii. **No intentar "ser todo para todos"**: este, probablemente, es uno de los aspectos que más se ignora a la hora de intentar ocupar una posición en la mente de los clientes. Si se intenta ser todo para todos se corre el riesgo de quedarse en nada para nadie. Lo dice el refrán español "quien mucho abarca, poco aprieta". Hoy se vive en un mundo en el que los especialistas se valoran mucho más que los generalistas. Frente al tamaño y la dispersión se prefiere la concentración de conocimientos y experiencias. Más cuando se habla de empresas medianas o pequeñas, ésa puede ser su ventaja.

iii. **El posicionamiento es "sacrificio"**: Cuando se haya decidido la idea "diferenciadora" hay que concentrar todos los esfuerzos en darle protagonismo. Otra vez Volvo; todo su discurso gira alrededor de la seguridad, sacrifica mencionar de forma explícita otros atributos, aunque los promueve apalancándolos en la seguridad. Si es el coche seguro es de alta calidad, no puede fallar y el diseño estará orientado a la seguridad (para ocupantes y peatones), lo mismo que cualquier otra característica que mencione en su comunicación.

iv. **Imitar a la competencia es la mejor forma de no ser diferente**: Este es otro error común, es el "me too". Se mira alrededor y se trata de imitar lo que hacen los demás, especialmente si han tenido éxito. Cuando una idea es utilizada por muchos, no diferencia. La originalidad es la clave.

v. **Hay que conocer la posición de los competidores tan bien como la propia**: Cuando se va a rivalizar con otros para alcanzar el mismo objetivo, hay que conocer sus virtudes y defectos para intentar neutralizar lo primero y aprovecharse de lo segundo. Por ello, es fundamental que el análisis de "afuera - adentro", incluya las percepciones existentes sobre los competidores. Con este dato se podrá elaborar un ranking de peligrosidad que ayudará a definir la ventaja competitiva más conveniente.

vi. **La "idea diferenciadora", el "producto" y lo que genera beneficios, pueden ser tres cosas diferentes**: Algunas veces, estos tres elementos pueden ser totalmente diferentes. Un ejemplo claro son los cines. Anuncian películas, alquilan butacas y seguramente ganen más dinero con las palomitas. Una empresa industrial puede ofrecer fiabilidad, instalar un equipo y ganar el dinero con el mantenimiento.

vii. **Enfoque competitivo**: Es decir, en contra de otros. De alguna manera, hemos llegado a una situación a la que se suele llamar de presupuesto con "base cero". Esto es, los clientes potenciales son un número finito, incluso, son un bien escaso. Por este motivo, tal vez esta séptima reflexión debería ser la primera, ya que es la que condiciona la capacidad competitiva.

2.5.-*Los objetivos de una idea diferenciadora*

Para que la idea diferenciadora sea eficaz, debe cumplir con las siguientes condiciones:

- Posicionar el producto o servicio de forma diferencial y preferente en la mente de los "clientes".
- Bloquear a los competidores la posibilidad de vincularse a la misma idea o concepto, aunque tengan cualidades para ello.
- Reposicionar, dentro de lo posible, a los competidores en beneficio propio. No se trata de criticar de forma directa, se trata de decir las cosas con "fair play" en beneficio propio; pero decirlas...

- Poner en marcha un proceso de reingeniería interno para que la idead "diferenciadora" se transforme en el eje de referencia y el soporte de la estrategia competitiva.

2.6.-Algunas sugerencias sobre ideas diferenciadoras buenas y malas

- **El precio no suele ser una buena idea.** (Cap. 5) Otra vez la frase del Prof. Michael Porter, "reducir precios si la competencia puede hacerlo, también, es de locos". El precio solo diferencia si el cliente entiende la razón y la competencia tiene dificultades para imitarlo Como ya se ha dicho, Ikea y las compañías aéreas de "low cost" son ejemplos claros. Son más baratos porque tienen ahorros claros que los clientes ven.
- **La calidad y la orientación al cliente ya no diferencian.** La oportunidad ya pasó. Hoy todo el mundo espera que la calidad y la atención al cliente estén incorporadas.
- **La creatividad es peligrosa.** Ya en su libro *Reality in advertising* (1960*)*, el mencionado Rosser Reeves advertía sobre el peligro de la comunicación esotérica, dispersa y, por tanto, ineficaz. Hoy la comunicación tiende a ser tan creativa y entretenida que al final no queda el mensaje.
- **Ser el "primero" sí es una buena idea diferenciadora.** (Cap. 4) Los seres humanos tendemos a recordar especialmente nuestras primeras experiencias. Por eso, los productos realmente innovadores han terminado siendo los genéricos de su categoría, y, salvo errores propios, nadie los puede desplazar.
- **Crear una categoría es una buena idea.** Cuando no se ha sido el primero, es difícil convencer de que se es "el mejor". Lo inteligente será crear una novedad. Bic no inventó el bolígrafo, ni la maquinilla de afeitar ni los encendedores, pero los reinventó desechables. Apropiarse de un atributo valioso es una buena idea. Los "clientes" perciben que los productos o servicios tienen componentes que les aportan valor. Unos más que otros. Lo eficaz es apropiarse, para la oferta propia, del atributo más valorado y que ningún competidor haya logrado captar para sí.

- **Ser un especialista es una buena idea.** Como se ha mencionado en el punto sobre reflexiones, hoy concentrarse en un segmento de mercado, en un atributo o en un "beneficio" para el cliente, da ventajas. Ser el "preferido" por los que saben, es una buena idea. Los seres humanos somos inseguros, por eso cuando alguien que consideramos un experto en algo nos lo recomienda, seguimos su consejo. Como Tiger Woods usaba bolas de golf de marca Titliest todos los jugadores del mundo las prefiriron.
- **Ofrecer la línea más completa en una especialidad es una buena idea.** Aún en un mundo que premia a los especialistas, ofrecer la línea más completa dentro de la especialidad, es una buena idea diferenciadora. Son los "category killers": cadenas de juguetes, electrónica de consumo, zapatos de deporte... son algunos ejemplos.
- **La tradición puede ser una buena idea.** En algunos sectores tener historia y tradición diferencia. Cuando es así conviene aprovecharlo.
- **Etc.**, etc., etc.

Todo es diferenciable, como ya se ha dicho varias veces en este libro, pero siendo fácil entender la importancia del asunto, es muy difícil encontrar la solución. Aunque la verdadera clave de la mejor solución sale de forma inmediata si somos capaces de caracterizar el verdadero problema que condiciona la competitividad de nuestro "producto". Más que buscar el "qué" hay que identificar los "porqué". Es "Strategic Thinking" que es la capacidad de analizar de forma amplia, integrar todas las variables y sintetizar para encontrar una solución simple.

2.7.-*Algunas reflexiones para la internacionalización de una idea*

Antes de decidir que una idea diferenciadora puede llevar a la marca alrededor del mundo, he aquí algunas cosas que hay que tener presente.

i. Lo primero y principal es que, *para internacionalizarse*, salvo pocas excepciones, *hay que haber tenido éxito en el país de origen*. Tratar de entrar en otros mercados no debe de ser una "huida hacia adelante". Desde moda y confección hasta auditoría quienes han triunfado fuera lo han hecho después de haber triunfado "en casa".

ii. *Una idea actual puede ser inadecuada.* A veces se sale mejor parado con una idea antigua. Por razones que nunca comprenderemos, Coca-Cola se alejó de "lo auténtico" en el mundo occidental, su eficaz idea de que había sólo "una original" y el resto son imitaciones, es lo que dio soporte a su fama muchos años. Pero en Rusia donde se redescubren las raíces y se respeta mucho lo clásico un poco de "tradición" no viene mal. Por tanto, en Moscú "Bebe la leyenda" esa sido la campaña nacional de TV y de vía pública. Sigue siendo la idea original, expresada de otra manera.

iii. *Los atributos pueden cambiar al cruzar fronteras.* Como hemos dicho, los atributos de la cerveza pueden ser algo muy viril o algo femenino o una bebida para quitar la sed, y todo lo que sea, dependiendo de las costumbres locales. Los atributos de una marca individual pueden cambiar también. En Méjico, Corona es una marca humilde, para gente de bajos ingresos. Pero en otros países (se vende en EE.UU., Europa y Sudamérica) Corona tiene una imagen de alta gama: trópico, palmeras y "bébela con lima". Aunque sorprende a los mexicanos, Corona ha llegado a ser la cerveza importada más vendida en EE.UU. Algo así está intentando Estrella DAMM de Barcelona que con su "Cerveza Mediterránea" ha mejorado su cuota de mercado en España y está saliendo a conquistar otros países europeos para los que el Mediterráneo es algo espacial...

iv. *El liderazgo puede no ser transportable.* Nesquik es el chocolate soluble más vendido en el mundo y líder en muchos países. Sin embargo, en España no ha podido desplazar de su liderazgo absoluto a ColaCao, un producto fabricado por la empresa local Nutrexpa. Un nombre muy bueno que desde que apareció hace ya unos cuarenta años, es el genérico de la categoría. Y lo llevó a ser líder en China...

v. *La tradición puede no ser respetada.* Kellogg's es un nombre importante en cereales en todo el mundo, sin embargo, en la India no tuvo éxito porque para desayunar se toman comidas calientes. Los hindúes están convencidos que la comida caliente les proporciona energía y creen en que la comida moldea a la personalidad y el humor. Así, la tradición de Kellogg's se esfumó allí.

vi. *La especialidad puede diluirse.* Como se ha dicho antes en nuestro mundo super-hiper competitivo los que triunfan son empresas con marcas especialistas y presencia global. Puede surgir un problema que convendrá neutralizar, es que la especialización no se diluya por tener que promover atributos distintos en función del país donde se vaya a promocionar. Si las circunstancias obligaran habrá que reenfocar el posicionamiento para que se adapte a distintos mercados. Una posibilidad es usar como atributo principal el "made in...".

2.8.-La táctica y la estrategia

Con la experiencia de cincuenta años con empresas e instituciones de todos los tamaños, casi todos los sectores y países de varios continentes, estamos absolutamente seguros que la estrategia competitiva para una actividad que busque generar intercambios se debe determinar de "abajo-arriba", no de "arriba- abajo" o, dicho de otra manera, de "afuera- adentro" y no al revés.

Las tácticas para las "batallas" serán las que determinen la estrategia para ganar "la guerra". Lo dicho ya, con una buena táctica se ganan las "batallas"; que permiten capturar clientes. Es la combinación de los resultados de las batallas (incluso se puede aceptar perder alguna para distraer al enemigo y ganar otra más importante) lo que determinará la estrategia que nos llevará a ganar la "guerra", es decir a conquistar mercados. Es decir, la táctica de la comunicación necesaria (ver Paso 4º) para crear una imagen diferencial y preferente en la mente de los clientes será la base del plan estratégico competitivo.

Ahora bien, la mayoría de los directivos cuando tienen que decidir un plan estratégico piensan lo contrario. Primero determinan la gran estrategia de la organización desde la sala del consejo, sin preguntar ni a colaboradores ni a clientes, y piensan que luego, para implementarla, ya se fijarán las tácticas. Primero deciden lo que se quiere hacer (la estrategia) y luego se decide cómo hacerlo (las tácticas). Pero esto ¡No así! Es al revés...

Las cosas solo funcionarán si se invierte el proceso. Es decir, primero se descubre una táctica que funciona, para ganar las "batallas" en la mente, y luego se estructura un mecanismo para que esa táctica llegue a muchas mentes y se gane la "guerra". (Perdón por la reiteración; pero...)

Un ejemplo de cómo una táctica convertida en estrategia funciona es el éxito del post-it de 3M. En 1968 el doctor Spencer Silver, siguiendo una estrategia de innovar en adhesivos fuertes, para eso suelen ser los adhesivos, descubrió uno que en realidad no "pegaba" de forma permanente, por tanto, lo desechó. Durante varios años, 3M no le dio ninguna aplicación comercial. En el año 1974, al científico Art Fry de 3M se le ocurrió una aplicación, tuvo una idea, decidió utilizar el pegamento desarrollado por Silver, para crear el prototipo de los actuales Post-It. ¡Una Táctica! El objetivo fue crear señaladores para marcar las páginas de un libro, que permanecían adheridos y cuando se quitaban no los dañaban. Una buena idea, que se transformó en una buena estrategia y en una guerra ganada casi sin "enemigos".

El concepto clave de una buena estrategia es la continuidad y la coherencia, es decir hay que agregarle la variable tiempo y mantener el enfoque. La idea diferenciadora, la táctica, debe transformarse en el eje de referencia de todas las acciones de la organización. No es un eslogan es el foco en el que se deben concentrar todas las energías.

Jack Trout la llamaba "una dirección coherente de Marketing. Un "martillo" que clava la idea, el "clavo," en la mente.

Muy importante: Tener claro que una estrategia no es un objetivo, es el medio para alcanzarlo. Un aspecto que no se entiende demasiado bien. Mirando alrededor se ve que los que se presentan como estrategas (empresarios, institucionales, políticos) definen su estrategia a partir de los objetivos que previamente se han marcado. Son los estrategas de "arriba-abajo" o de "adentro-afuera".

No tienen en cuenta el consejo del general alemán de la II Guerra Mundial, Erwind. E. Rommel 8!891-1944); "Ningún plan estratégico podrá tener sentido si no puede funcionar tácticamente". Cuando la meta es inalcanzable, porque es absurda o no se tienen los medios, es inútil intentarlo. Como muchos definen la política, es el arte de lo posible.

Cuando decimos una "dirección coherente de marketing" queremos decir que hay que fijar un rumbo lógico y consecuente con algo (la idea diferenciadora) que tiene en cuenta las variables que condicionan el éxito del intercambio que proponemos realizar a nuestros "clientes".

Por si algo no está claro aquí; un resumen:

- Bajemos al "campo de batalla",
- busquemos una "táctica" que funcione,

- volvamos al lugar de trabajo,
- convirtámosla en una estrategia y
- adaptemos las variables internas para producir la máxima presión táctica.

Así que ahora hay que ponerse a trabajar en "casa"; vamos al Paso 3º...

Paso 3º: Reingeniería Interna

3.1.- *Credibilidad*

Para poder elaborar argumentos lógicos que hagan creíble nuestra idea diferenciadora, es imprescindible tener credenciales que la respalden. Es la única manera de que nuestra idea sea percibida como una "realidad" en la mente de los clientes. Si el producto se promueve con alguna diferencia, hay que poder demostrar que esa diferencia existe. La demostración es la que aporta credenciales en sí misma.

Volviendo a la definición de negocios de Bill Gates: "hacer negocios es simple, consiste en vender más de lo que gastas, invertir un poco y que todavía quede algo de dinero", esta es la parte que se refiere a "invertir un poco".

Por ejemplo, cuando ofrecemos un producto "más preciso" que los de la competencia, tenemos que conseguir certificados de instituciones de prestigio reconocido que lo certifiquen. Aunque otros pudieran conseguirlo si somos los primeros, seremos los "verdaderos". Esas serán credenciales.

Para pequeñas y medianas empresas, una forma de crear credenciales que legitimen su capacidad puede ser bastante más sencilla de lo que parece. Cuando se termine un trabajo para un cliente, además de agregarlo en la lista de referencias es fácil obtener una carta de conformidad. Simplemente corroborando que se ha cumplido con los compromisos. Es totalmente diferente sentarse delante de un comprador potencial y enseñarle solo una lista de clientes históricos que enseñarle copias de cartas en las que dichos clientes muestran su conformidad y, muchas veces, su satisfacción.

Argumentar una diferencia sin poder probarla, solo es eso; argumentos.

3.2.-*Seis obstáculos para el cambio*

Poner en marcha un plan de estrategia competitiva implica readaptar la estructura interna para poder llevarlo a cabo adecuadamente. Ahora bien, el cambio es algo de lo que nos gusta hablar a todos; suena bien, pero cuando hay que aplicarlo somos muy reticentes.

A continuación, seis obstáculos muy comunes:

i. ¡Es demasiado "obvio"!

Casi todos los conceptos de posicionamiento eficaces son terriblemente obvios. De hecho, el proceso es la búsqueda de lo obvio. Lo que sea obvio dentro de la propia empresa lo será también en la mente de los clientes actuales y potenciales, lo entenderán más fácilmente y aceptarán mejor.
El posicionamiento obvio de Coca-Cola es el ser "Lo auténtico". Ellos inventaron la categoría. Esto hace que cualquier otro refresco de cola no sea más que una imitación. Esa es la idea obvia que deberían usar. "Siempre Coca-Cola" es un bonito slogan, pero no significa nada concreto. En realidad, en términos de ventas en supermercados o bares, hay algunos países en los que la mitad de las veces "es siempre Pepsi-Cola" no es siempre.
Entonces, ¿por qué Coca-Cola se aparta constantemente de su estrategia obvia? Porque, lamentablemente, los directivos de grandes corporaciones tienden a pensar que lo obvio es demasiado simple, que le falta ingenio. Y, también, porque las ideas obvias tienden a instalarse en las empresas por mucho tiempo y dejan de ser excitantes. Se transforman en algo demasiado visto. ¡Una rutina! ¿Habrá aumentado la demanda esa "lengua" tan larga con la nos quieren impresionar en 2019? No hay que tener miedo de aceptar y utilizar lo obvio, es lo que los "clientes" entenderán mejor.

ii. ¡Se quedará obsoleto!

Hay muchas ideas de posicionamiento que podrían resultar muy eficaces y "naufragan" en aras del futuro. En otras palabras, si bien hay empresas que se dan perfecta cuenta de las posibilidades de éxito de una idea diferenciadora en un momento dado, dudan de lo que pueda ocurrir en el futuro. Así en lugar de aprovechar la idea cuando la tienen disponible con potencial de negocio inmediato, se distraen con las dudas que les surgen sobre el futuro, pensando en propuestas que todavía ni siquiera se hayan hecho en realidad. Es rechazar la oportunidad en el presente e hipotecarse por un futuro incierto, cuando podrían hacer las dos cosas.
Hace ya muchos años, en una sala repleta de directivos del área técnica de Xerox, se hablaba de que en el futuro la impresión láser iba a ser un gran negocio. La "lasergrafía", siguiente generación de la "xerografía".
Durante la sesión, un ingeniero senior se puso de pie y dijo que la impresión láser ya era algo demasiado visto. Que ya llevaban muchos años trabajando en ella. Lo que ellos necesitaban era una idea que englobara el presente y

el futuro. Cuando alguien le preguntó qué iba a deparar el futuro, anunció muy ufano, "la deposición iónica" que según él estaba ya desarrollada.
Así pues, en aras de un futuro incierto, Xerox no hizo caso a la "lasergrafía", Hewlett Packard sí. Mirando las cifras de negocio de las empresas que fabrican impresoras queda muy claro lo que ocurrió con la impresión láser. Fue una oportunidad de ese momento que "naufragó" en Xerox por un futuro de tan largo plazo que todavía no ha llegado hoy. HP aprovechó la distracción y se transformó en el líder de las impresoras.
Hay que dedicar la mayor atención a aquello que puede dar el éxito en el momento, con el dinero que ganemos podremos apostar en innovaciones futuras. "Más vale pájaro en mano que ciento volando...".

iii. ¡No es "brillante"!

No hay que ser brillante. Hay que decir las cosas como son. Es lamentable lo que ocurre muchas veces. Ejecutivos pragmáticos, en base a un análisis objetivo, definen un plan estratégico eficaz apoyado en un concepto simple y claro de posicionamiento. Luego pasan ese concepto a los creativos que lo transforman en un mensaje tan rebuscado que los clientes potenciales no lo llegan a entender nunca y, por tanto, no compran.
Las ideas con mayor potencial tienden a decir las cosas como son. A llamarlas por su nombre. Son directas, no brillantes.
Aquello de "Piense en pequeño" para el Volkswagen "Escarabajo" (Beetle) en un mercado de coches enormes poco fiables, fue un clavo que penetró profundamente en la mente de los norteamericanos y se quedó allí hasta que VW mareó en concepto tanto que confundió y el clavo perdió agarre.
La "el coche más Seguro" de Volvo es simple y directo. Ningún otro fabricante ha logrado (a pesar de haberlo intentado todos) quitar a Volvo el concepto de "Seguridad" por excelencia en el mundo del automóvil.

iv. ¡Trabajo de equipo!

Los que quieren destacar pueden ser un verdadero problema para una estrategia de posicionamiento. Esto es especialmente cierto en grandes organizaciones en las que hay personas tratando de llamar la atención de la alta dirección y del consejo de administración.
Se trata de gente que condiciona cada decisión a sus intereses personales, antes que a los de la empresa; bueno esto es algo muy común. Sus

cuestiones suelen ser: "¿Me beneficiará personalmente? ¿Me llevaré el mérito?" y "¿Si sale mal, me perjudicará en algo?".
Este tipo de comportamiento es el pensamiento "de adentro hacia fuera". Las decisiones se toman siempre en función de lo que vaya a suceder dentro de la organización. Pero para que un concepto o idea de posicionamiento tenga éxito, el proceso debe ser al revés "de afuera hacia adentro". En otras palabras, las decisiones deben tomarse en función de lo que suceda fuera de la empresa, lo que suceda en el mercado.

v. **¡No influirá en el valor de la empresa!**

"El que vive para los números, muere por los números."
En nuestros tiempos la moda de las fusiones y adquisiciones es uno de los mayores enemigos de una estrategia eficaz. Hay demasiada preocupación por ofrecer ganancias a corto plazo, el objetivo, más que crear riqueza para muchos a largo plazo, es vender la start-up a un fondo de inversión cuando está creciendo rápido y que sean los creadores los que se hagan ricos. Por ello, las empresas se ven obligadas a hacer lo que sea para aumentar, ejercicio tras ejercicio, su cifra de ventas y el porcentaje de beneficios.
Se ha dicho ya, una estrategia competitiva es un proceso a largo plazo. Lleva tiempo y hacen falta recursos. Si no se incluyen estos ingredientes, simplemente no tendrá éxito o será un éxito pasajero.
La estrategia competitiva es un ejercicio dentro de la realidad. No es posible que los beneficios que quieren los altos directivos sea la condición principal de las decisiones. La cuestión es capturar y fidelizar clientes, los beneficios serán la consecuencia. Y crecer sin cesar, año tras año, no es un objetivo realista en la mayoría de los negocios. Hay ocasiones que la competencia es tan encarnizada o el mercado tiene ya cierta saturación, que el solo hecho de mantener las cifras del ejercicio anterior ya es un éxito.
Introducir cambios constantes a un producto con el único fin de inflar las ventas, sólo sirve para saturar los almacenes y las estanterías, e inclinar la balanza del poder del lado del minorista, que es el dueño del espacio de exposición.
El estar "extendiendo la línea" constantemente, con la intención de aumentar las ventas día a día, sólo diluye las percepciones que existen sobre la marca, abre las puertas a la competencia especializada y garantiza problemas a medio y largo plazo.

Hay que dejar que los proyectos y por tanto el posicionamiento se implementen adecuadamente. Las cifras llegarán por sí solas. Pero esto requiere algo de paciencia.

vi. ¡Hay que mejorar!

El camino al caos está empedrado con mejoras.
Es raro que un nuevo director general llegue a su nuevo puesto, mire cómo van las cosas y diga: "Parece que todo va muy bien. Más vale no cambiar nada".
Por el contrario, cualquier ejecutivo, por poco activo que sea, quiere llegar y comenzar a mejorarlo todo. Quiere dejar su huella. No se siente a gusto si sólo está sentado en su sillón.
Cuando una empresa tiene sus oficinas llenas de gente dedicada "a pensar", no puede esperarse otra cosa más que estén tratando de "mejorar" constantemente todas las marcas a su disposición. Las que van bien y las que van mal. Es la forma muy peligrosa de no aburrirse...Lo correcto es apoyar a las que van bien y cerrar las que van mal.

Una mala idea
Esto no es inusual en realidad. Hace muchos años ya, alguien de Pepsi dijo: "¡Eh!, ¿por qué no aprovechamos la moda de la pureza e introducimos una Pepsi transparente? La llamaremos Pepsi Crystal". Por supuesto este avispado ejecutivo de marketing ignoró la arraigada percepción de los consumidores de que si no tiene su color habitual no tendrá el mismo sabor. (Así les fue).

Otra mala idea
En McDonald's alguien dijo: "¡Eh!, ¿por qué no aprovechamos la tendencia a comer pizzas y agregamos McPizza al menú?". Por supuesto ignoró la percepción del consumidor de que quien hace hamburguesas no debe saber mucho de pizzas.

Una mala idea más
En Volvo alguien dijo en 1992: "¡Eh!, ¿por qué no aprovechamos el aumento de poder adquisitivo y lanzamos un modelo deportivo? Lo llamaremos "480". Por supuesto ignoró la percepción que ellos mismos habían ido creando desde 1944. El Volvo es un "coche seguro". Un coche deportivo siempre se

percibe como algo peligroso. Posiblemente una gran experiencia en diseño, pero una mala idea comercial.

El posicionamiento tiene obligatoriamente que adaptarse a las percepciones que existen en la mente, no ir contra ellas. Y cambiarlas no es fácil y se tarda mucho. Lo que alguna gente dentro de la empresa percibe como "mejoras", sólo sirve para crear confusión en la mente de los clientes.

En posicionamiento, una vez que la marca alcance los niveles esperados, la consigna debe ser "dejarlo como está". Es como pilotar un Jumbo 747; cuando se alcanza la altura de crucero hay que poner el piloto automático y mantenerlo mientras no haya tormenta afuera.

3.3.- *Evaluar la estrategia competitiva*

Si la mente es el campo de batalla, y allí es donde se gana o se pierde, no es una sorpresa para nadie que la información que llega a esas mentes sea el arma táctica clave para ganar cada batalla logrando que el receptor de la información haga lo que nosotros proponemos.

Como un cañón de artillería, un mensaje que llega tiene la habilidad de producir un impacto sobre un amplio segmento del mercado. Con mensajes masivos se puede, literalmente, crear clientes "al por mayor", si está enfocado adecuadamente a ese objetivo.

Si el análisis y el diagnóstica está bien hecho y han participado todos los que puedan aportar experiencias y conocimiento seguramente el resultado será el adecuado.

Sin embargo, convendrá hacer una "verificación" antes de lanzarlo con todos los recursos. Contrastar con los comerciales y estos con algunos clientes es un test que puede ayudar mucho para hacer el ajuste fino. Esto también es actuar de "adentro- afuera". Insistimos, exactamente igual que la investigación, este ejercicio es para informarnos, no para confirmar lo que nosotros creemos. Así que objetividad y mente abierta.

Una advertencia, ¡mucho cuidado con esos test! La competencia siempre está rondando y vigila cualquier movimiento que le puede afectar. Así que como explicaba Von Clausewitz para la guerra militar la sorpresa debe ser parte del plan. Esto significa que hay que prepararse con sigilo y actuar con mucha rapidez. Será la única forma de desconcertar al "enemigo" y mejorar la moral de nuestras "tropas". Y la sorpresa en sí es un elemento clave cuando nos enfrentemos a un enemigo más poderoso, no podemos permitir que tenga tiempo de concentrar recursos allí donde vamos a atacar; si se lo damos, la batalla está perdida.

3.4.- *Consultores: Ayuda o lastre...*

Para evitar equívocos con relación a lo que diremos en este Capítulo es conveniente dejar claro que, en nuestra opinión, los buenos consultores no sólo son un apoyo útil para los responsables de cualquier organización, sino que son cada día más imprescindibles.

La ayuda externa, además de aportar objetividad, aporta especialización por lo que es muy útil para enfocar adecuadamente los problemas del día a día de forma rápida y eficaz, sin distraer la atención de la actividad principal, es decir evita lucro cesante. (Qué más podemos decir nosotros; es nuestro medio de vida...)

Para ser competitivos hay tres factores que son clave: *Objetividad*, *Franqueza* y *Sentido Común*. Sin ellos, incluso los profesionales más preparados pueden perder "el norte".

Por eso los emprendedores inteligentes saben lo difícil que es ser objetivos y francos cuando nos autoevaluamos. Esa es una de las razones por las que buscan ayuda externa. Es como cuando alguien tiene que enfrentarse a una operación coronaria de triple by-pass. Inmediatamente contrasta la opinión de su médico con otro especialista. De hecho, el propio médico insiste en que lo haga.

¿Qué hay de malo si se aplica la misma filosofía cuando está en juego el éxito de un proyecto empresarial? Otra opinión no sólo será siempre de utilidad, sino que quienes tienen que enfrentarse a este difícil problema se la merecen antes de obligarles a asumir toda la responsabilidad.

Por eso siempre será útil una "segunda opinión" de contraste que pueda aportar; *Objetividad*, *Franqueza* y *Sentido Común*; una visión diferente y sin condicionamientos previos por no ser "juez y parte" en el problema.

Lamentablemente, en los últimos años, el panorama de la consultoría se ha complicado y frivolizado. Por un lado, algunas grandes consultoras, que se han transformado en multinacionales, están más preocupadas en mantener su facturación que en dar soluciones eficaces a sus clientes. Además, ha surgido una nueva especie de consultor, los tecnócratas de laboratorio y académicos teóricos que, sin experiencia en el mundo real, pretenden acreditarse como consultores. Un tipo de consultores a los que les encaja perfectamente una de las definiciones que, con el clásico humor inglés, publicó *The Economist*: "Consultor es alguien que puede explicar cien maneras diferentes de hacer el amor, pero él no conoce a ninguna chica/o".

Hay cierta clase de directivos que fomentan estas dos especies. Son los directivos que sólo buscan personas, o grandes consultoras de renombre internacional, para que firmen los informes que ellos mismos han elaborado. Así convencen más fácilmente a los consejos de administración, inversores potenciales y/o accionistas, bancos para que acepten sus propuestas y decisiones, muchas veces carentes de lógica para la actividad; pero útiles para su ascenso...

De esta forma, se ha creado una gran suspicacia con relación a los consultores; aun los que nos esforzamos por ser serios y honestos en nuestras opiniones.

En el mundo de los negocios la cosa empezó bien. En un principio sólo estaba Peter Drucker, un hombre sólido y tranquilo que siempre dió consejos lógicos y racionales. Como dijo Andy Grove, presidente de Intel, "Drucker es uno de mis héroes. Escribe y piensa con una claridad exquisita; se destaca entre un montón de traficantes de confusión".

Luego en los años 80 Tom Peters irrumpió en escena con su libro "En Busca de la Excelencia" de dudosa eficacia y utilidad. Ese fue el principio. Con el éxito de su libro aparecieron los imitadores de Peters. Una serie de creadores de conceptos interesantes; pero de dudosa utilidad práctica. Gente a la que cuando se les consulta algo explican "qué" hay que hacer; pero casi nunca "cómo" hacerlo. Según *The Economist* es: "Gente a la que, si les preguntas la hora, para darla, nos pide el reloj y luego intenta quedarse con él".

Hace casi 25 años, un artículo en *Fortune*, titulado "A la búsqueda de incautos", describía la situación de forma bastante precisa: "Discretamente, sin ruido, el negocio del asesoramiento ha sido secuestrado. Los nuevos gurús han llegado armados sólo con bolígrafos, podios y un gran descaro, y han tomado el control de lo que solía ser algo sano, bueno e interesante: repartir buenos consejos a hombres y mujeres de negocios". Como admitió el propio Tom Peters en el mismo artículo de *Fortune*: "Somos la única sociedad que cree que siempre se puede mejorar. Por tanto, seguimos dejándonos engañar por personas como yo".

Hay que darse cuenta de que la complicación, es la base del negocio de los malos consultores. El punto de vista de esta clase de consultores, y puede que sea cierto, es que las empresas no pagarán mucho por algo simple y sencillo. De hecho, puede ocurrir, que cuanto menos se entienda el informe que se recibe del consultor, más se pagará por él. Para muchos, a mayor número de páginas, mayor calidad del informe. En general se piensa que, si fuera simple y sencillo, las empresas lo harían ellas mismas. "Despues de visto, todo el mundo es listo" Aunque realmente la labor más importante de un consultor externo debe ser simplificar para ser entendido.

Así pues, para esta gente el truco está en inventar constantemente nuevos conceptos muy complicados. Para agregar una pizca de duda y confusión a la ecuación, se avisa al lector que "los viejos axiomas de los negocios ya no funcionan", y que las empresas "deben vigilar la cadena de valor tangible; pero también construir y explotar una cadena de valor virtual". Lo que buscan los autores es que el lector reaccione de la siguiente forma: "Rápido, búsquenme el número de teléfono de esos dos tipos de Harvard que escribieron ese artículo que no entiendo. Podemos estar en un lío".

En realidad, se ha escrito mucho acerca de lo bueno y lo malo de la consultoría. Pero lo más importante para un buen directivo, es saber cuándo y para qué necesita un consultor y, por supuesto, saber elegirlo bien.

Pero insistimos, la consultoría bien entendida y bien aplicada es muy útil. Los buenos consultores tienen experiencia y una perspectiva de los temas que, en general, los de dentro a veces no tienen, ni pueden tener. Lo más importante es que los consultores son de fuera y no tienen compromisos.

3.5.- *Algunos requisitos para que funcione...*

Para la puesta en marcha de un plan estratégico competitivo hay, además, algunos pasos que complementan el proceso:

i. **Vender la estrategia a los "jefes".** En el tercer punto 3 del Cap. 1 mencionamos los cinco puntos del profesor John A. Howard para comenzar un emprendimiento; el tercero decía; "Transmitir la propuesta a quienes tiene el poder de decisión", es decir una vez elaborada la propuesta de estrategia competitiva hay que "envolverla para regalo" y presentarla al jefe, incluso al Consejo de Administración (Board). Una de las peores cosas que puede ocurrir no es que la rechacen, es que al oírla bostecen... Cuando nos toque hacerlo hay que pensar en los "jefes" como los clientes a los que les vamos a ofrecer un servicio. Hay que conocer el contexto y lo que hay en sus mentes para plantearlo con argumentos que encajen en sus percepciones. Cuanto más alto estén en el escalafón menos ganas de arriesgar tendrán. No conviene marear con demasiados números, sólo los resultados esperados. Comenzar hablando de los problemas que se tienen y cómo la idea ayudará a resolverlos mejorando la competitividad. Una exposición muy simple tratando que la idea que se va a proponer se les ocurra a los jefes para que crean que es suya. ¡Ah! Conviene evitar el protagonismo personal...

ii. **Las personas apropiadas en la presentación.** Este es uno de los escollos más importantes a superar. De alguna manera las nuevas ideas en las organizaciones siempre chocan con los intereses de alguien o de varios. Por eso si en la presentación no se logra que intervengan las personas apropiadas el mejor proyecto de posicionamiento estratégico competitivo tendrá pocas o nulas probabilidades de ponerse en práctica. Los planes se elaboran de "abajo- arriba"; pero deben aplicarse de "arriba-abajo". Por eso hace falta que lo "compre" el primer nivel de la organización. Los mandos intermedios suelen oponerse por la única razón de que no se les ha ocurrido a ellos. Ahora si el que da el OK es "el jefe de todos los jefes" todos se "subirán al carro". Hay que asegurarse de que así sea...

iii. **Tener los recursos** ¿Se dispone de recursos suficientes para alcanzar y mantener la posición que se pretende? Este es uno de los mayores obstáculos. En la vida no se pueden pretender imposibles. Construir una idea en la mente cuesta dinero. Establecer una posición cuesta dinero. Pero mantener la posición también cuesta; aunque se esté bien establecido. Ni la mejor idea podrá despegar del suelo si no cuenta con los recursos suficientes. Aquí viene bien recordar la Ley 22, LEY DE LOS RECURSOS, de las 22 Leyes Inmutables del Marketing; "ninguna idea podrá despegar sin los recursos necesarios". Si se ha vendido bien a los jefes, este no será el problema.

iv. **Integrar a todos en la idea.** Ya lo dijimos, "jugando en equipo se meten más goles". Después de convencer a los que tienen el poder decisión hay que informar y motivar a todos los miembros. En una organización todos deben ser conscientes, y sentirlo así, de que cada uno puede influir en el objetivo final, "vender" para tener beneficios. Desde el portero al administrativo, que puede que nunca llegue a ver a un cliente en persona, todos deben de tener claro que cobran sus salarios gracias a que hay gente que compra y paga las facturas. Pocas circulares o mails impersonales, la información debe incluir formación y, como vemos en las películas de guerra, cada mando transmite en persona las órdenes y los objetivos a sus subordinados. Que la alta dirección se involucre da mucha seguridad. Amancio Ortega (1936-) el español que está entre los más ricos del mundo, con su marca ZARA y Bill Gates (1955-) Microsoft lo han hecho mucho y bien. Los resultados están a la vista.

v. **Mantener el control, vigilar que no haya distracciones.** Para que el Principio KICS se funcione no basta que haya un responsable del diseño y puesta en marcha del proyecto, debe ser la misma persona que mantenga control durante su aplicación. Cambiar de responsable es un riesgo alto. El que llegue querrá hacer mejoras para que se note que ha llegado. Pero además hay que estar vigilante, la competencia no estará quieta viendo cómo hacemos nuestros cambios para mejorar nuestra competitividad, hay que vigilar sus movimientos. Es necesario estar informados. Por eso el responsable tiene que tener líneas de comunicación con el frente y bajar de vez en cuando al "campo de batalla" para saber lo que está ocurriendo. El mencionado Amancio Ortega, siendo ya ZARA una empresa global, llamaba todos los días a los directores de varias de sus tiendas para tener información de primera mano sobre lo que pedían los clientes. Los mejores líderes son los que dirigen viendo lo que ocurre en el teatro de operaciones y no por lo que le cuentan en su despacho del estado mayor.

vi. **Medir los resultados**. Los planes estratégicos eficaces funcionan desde el primer día, a los que van a fracasar también se le ve desde que comienzan. No se trata de que haya superávit inmediato; pero se nota que la cosa funciona porque se reciben indicaciones de que lo que hacemos genera alguna reacción. A veces incluso los mensajes negativos son referencias que demuestran que el plan es bueno, especialmente si son los competidores los que critican. Lo realmente malo es que no se note ninguna reacción. Lo normal es que, dado que son acciones de largo plazo, al principio los resultados crecen lentamente; pero luego se aceleran y tienen un crecimiento geométrico. Lo importante es mantener la dirección coherente establecida para generar la inercia que hará al proyecto imparable

vii. **Reforzar los éxitos.** Reforzar los éxitos es una máxima de los estrategas militares que da muy buenos resultados. La esencia del éxito en un plan de ataque es dar los recursos necesarios a los comandantes que estén haciendo el mayor progreso y retirar la ayuda a los que no llegan a ninguna parte. Curiosamente en la mayoría de las empresas e instituciones civiles se hace lo contrario. Obtienen los resultados de las líneas de negocio que van bien y los utilizan para compensar los números rojos de las que van mal. Las explicaciones son de toda clase; pero nunca pragmáticas. Se piensa que cerrar una actividad puede dañar la imagen del conjunto o, peor aún, perjudicar a un gerente que lleva muchos años o es pariente del socio principal. Cuando se abandonan los fracasos se fortalece la posición y el éxito se multiplica.

viii. **Recortar los fracasos, los errores hay que corregirlos cuanto antes.** Si el plan estratégico competitivo que se ha elaborado no funciona, hay que buscar otra táctica y convertirla en una estrategia diferente. No hay que insistir, hay que cortar lo antes posible. También lo saben bien los militares, luchar hasta el último soldado puede ser muy romántico; pero no es práctico. Tal vez una asignatura que deberían agregar a sus masters, las escuelas de negocios, es la de la "Retirada Elegante". Si la táctica no es el "ángulo mental competitivo" que realmente funciona cuanto antes se cambie más recursos disponibles quedarán para volver a intentarlo. Al perder se puede aprender más que al ganar. Dicen que la experiencia es la historia de las equivocaciones...

ix. **Jugar sin miedo, hay que aplicarse a fondo.** Muchos ejecutivos se imaginan dirigiendo un gran plan estratégico desde un despacho en la planta veinte de un lujoso rascacielos. Por cierto no fue el estilo de Steve Jobs (1955-2011), Jeff Bezos(1964-) o Mark Zuckerberg (1984-) que siempre han "ensuciado sus zapatos en el lodo del campo de batalla" La historia demuestra que tanto los grandes estrategas militares como los generales de empresa de éxito conocían muy bien el entorno táctico que llegaron a dominar. Hay que poner toda la atención en las tácticas de las batallas que se quieren ganar. Hay que mantenerse concentrado en lo que hacen los competidores y en los puntos débiles y fuertes que ocupan en la mente de los "clientes". Y hay que estar dispuesto a hacer los cambios en la organización para aprovechar las oportunidades que aparecen fuera. Ya lo dijimos el entorno no se puede cambiar hay que adaptarse a él y mantenerse flexible por si se mueve de forma imprevista.

x. **¿Se podrá aguantar?** Como se ha dicho antes ser competitivo es una apuesta a largo plazo, por tanto, la cuestión es: ¿una vez decidida una idea se podrá mantener? Muchos programas a cinco años no pasan la revisión de los seis primeros meses. No tiene sentido poner en marcha ningún plan, y especialmente uno de "posicionamiento", si no se va a tener el coraje de mantenerlo. Hay que estar preparado para permanecer en las "trincheras" por varios años. Cambiar cada año no permite que los clientes fijen una idea o un concepto determinados. Incluso pueden confundir la mente de los clientes y cuando los clientes están confundidos no son ellos quienes tienen el problema, es la empresa.

xi. **¡Rezar!** Nunca vendrá mal y puede ayudar a que salga todo bien...

3.6.- *En "guerra", hay que adoptar las cualidades de un "buen general"*

Decimos que estamos en una "guerra empresarial" así que los "generales" que decidan aplicar el Principio KICS tendrán que desarrollar algunas cualidades propias de los militares:

- **Ser flexible**. Hay que ser flexible para adaptar la estrategia a la situación, y no a la inversa. Un buen general tiene, de forma innata, opiniones sesgadas, pero siempre estudia seriamente todas las alternativas y puntos de vista de otros antes de tomar una decisión.

- **Tener valor mental.** En algún momento hay que cerrar la amplitud de miras y tomar una decisión. Un buen general busca en lo más hondo de sí mismo la fuerza de voluntad y el coraje mental para imponerse.

- **Ser equilibrado:** Dijo el General Sun Tzu en su libro "El arte de la Guerra" (2500 aC) que "el buen general debe usar la calma contra la agitación, enfrentar el orden al desorden, y mostrarse siempre tranquilo, reservado justo y metódico"
- **Ser osado**. Llegado el momento oportuno, hay que golpear con rapidez y decisión. La osadía es una cualidad especialmente valiosa cuando las circunstancias juegan a nuestro favor. Ese el momento de sacarla a la luz. Desconfiemos de quienes se muestran excesivamente valientes cuando las circunstancias están en su contra...
- **Conocer la realidad.** Un buen general construye su estrategia desde abajo, comenzando por los detalles. Una vez elaborada, la estrategia debe ser sencilla pero ejecutable y contundente.
- **Ser un "líder".** Desde una perspectiva más emocional explicó también Sun Tzu; "El general debe mirar por sus soldados como miraría por un hijo recién nacido. Así estarán dispuestos a seguirle hasta los valles más profundos. Cuidar de sus soldados como cuida de sus hijos y morirán gustosamente con él".
- **Ser optimista.** Sin dejar de ser realista; pero viendo siempre el lado favorable de los acontecimientos. Un líder optimista y entusiasta produce un efecto multiplicador sorprendente en el grupo. De igual modo el pesimismo tiene el efecto contrario. No se trata de aceptar la estupidez dentro de la organización ni la incompetencia de sus miembros, se trata de tener una actitud de "podemos cambiar las cosas a mejor".
- **Tener suerte.** La fortuna puede desempeñar un importante papel en todo triunfo, siempre que se sepa aprovechar. Y cuando la suerte nos abandone, hay que estar preparados para reducir las pérdidas con rapidez. "La capitulación no es una desgracia. Un general no puede defender la idea de luchar hasta el último hombre, de la misma manera que un buen jugador de ajedrez no jugaría una partida claramente perdida", dice Karl von Clausewitz.

- **Estar preparado para la soledad del poder.** La responsabilidad no se delega, el "general" (el CEO) será siempre el último responsable. Aunque se escuche las opiniones de todos, aunque todos participen en las decisiones de "abajo-arriba", siempre a la hora de ejecutarlas la responsabilidad la asume el jefe. Ya se sabe "el éxito tiene muchos padres; pero el fracaso solo uno; el que toma la decisión". La esencia básica del líder es la toma de decisiones difíciles y arriesgadas que impactarán de forma notable en la vida de la organización, por eso tiene que estar preparado para la soledad a la que obligan los resultados.

Eso sí, hay cinco características muy peligrosas para un general que se detallan en el libro de Sun Tzu y que es necesario corregir:

i. Si es temeroso; puede perder la vida.

ii. Si es cobarde; será capturado

iii. Si es iracundo; puede ser ridiculizado

iv. Si su honor es susceptible; puede ser calumniado

v. Si tiene un espíritu compasivo, se le puede atormentar.

Y una recomendación del General Colin Powell (1937-): "Cuando tengas entre 40/70 por ciento de la información sigue tus instintos. No esperes a tener suficientes hechos para estar cien por cien seguro porque para ese entonces quizás sea demasiado tarde."

Paso 4º: UN PLAN DE COMUNICACIÓN

4.1.-*El arma clave: ¡Contarlo y que lo entiendan!*

Aunque aún no se ha dicho expresamente seguramente los lectores avispados (que espero sean muchos...) ya tendrán claro que la clave "clave" del segundo factor que condiciona el Principio KICS, es que la mente de los "clientes" reciba la información adecuada.

Dicho de forma correcta, que el emisor elabore los mensajes precisos, los envíe por el medio adecuado, que lleguen al "destino" previsto y que resulten eficaces.

En un mundo sobre comunicado, con "overbooking" de datos, el refrán, mencionado en Cap. 4, de "el buen paño en el arca se vende" ya no funciona, no puede funcionar con tanta oferta disponible. Haber encontrado una muy buena idea diferenciadora de gran eficacia, no tendrá resultado si el mundo no se entera. Es evidente que con recursos siempre será más fácil; pero está demostrado que, en nuestros días, la imaginación y la innovación pueden ser mucho más útiles que los recursos económicos. Basta mirar alrededor para ver la cantidad de dinero que se gasta sin ningún sentido.

Mientras unos dedican millones en grandes campañas de comunicación, vacías de contenido, otros se hacen famosos en 24 horas por un sms, o en Facebook, Instagram, Twitter, YouTube o la simple aparición, casual, o provocada, en un medio masivo. Está claro que los recursos económicos son una gran ayuda; pero no son suficientes; hay que usarlos bien...

4.2.- *¿Comunicación?*

Haber encontrado una idea diferenciadora, aunque sea inteligente, oportuna y eficaz, no garantiza nada si no llega a la mente de aquellos a los que se quiere atraer. Y en un mundo en el que los seres humanos tratamos de encontrar barreras de aislamiento para protegernos del bombardeo permanente con mensajes que nos agobian a todas horas, nadie va estar preocupado por averiguar "qué hay de nuevo" y después tratar de enterarse.

Sin duda, la iniciativa tiene que surgir de quién esté interesado en comunicar algo que le interese para que otros acepten su sugerencia; ¡hay que contarlo y que se enteren!

Si recurrimos otra vez al diccionario, la palabra que parece define lo que hay que hacer es:

Comunicar (Del lat. communicāre).

1. tr. Hacer a otro partícipe de lo que uno tiene.
2. tr. Descubrir, manifestar o hacer saber a alguien algo.
3. tr. Conversar, tratar con alguien de palabra o por escrito. U. t. c. prnl.
4. tr. Transmitir señales mediante un código común al emisor y al receptor.

Se trata, pues, de dar a conocer lo que se ofrece.

Sin embargo, otra vez es una condición necesaria pero no suficiente. Ya que no es sólo "que se enteren", sino que, además, aquellos que nos interesan, hagan lo que les proponemos. Sea comprar un producto, contratar un servicio, no usar el teléfono móvil conduciendo, no consumir drogas, hacer aportes a una ONG, ir al concierto de un artista, votar un partido político, seguir a un movimiento religioso o atraer inversiones o turistas a un determinado lugar. Es decir, si se trata de negocios, que compren; si se trata de una acción social, que la cumplan; y si se trata de una recomendación personal, que la sigan.

Lo que hay que lograr es que la información, atraiga, convenza y provoque el comportamiento a posibles compradores, espectadores, usuarios, etc.

En el diccionario hay una palabra que incluye este concepto:

Publicidad.

1. f. Cualidad o estado de público. La publicidad de este caso avergonzó a su autor.
2. f. Conjunto de medios que se emplean para divulgar o extender la noticia de las cosas o de los hechos.
3. f. Divulgación de noticias o anuncios de carácter comercial para atraer a posibles compradores, espectadores, usuarios, etc.

Pero, a pesar de que el concepto incluido en esta definición es clarísimo, hay cierta confusión y prejuicios en el uso.

Tal vez esa confusión es consecuencia del interés de muchos académicos y consultores en complicar cosas que son simples. Especialmente en el mundo del marketing, se ha tratado de redefinir algunos términos y/o inventar otros, muchas veces con el único objetivo de ser conocido o promover un libro.

La tercera acepción de la palabra "publicidad", no da lugar a dudas: se trata de comunicar con el objetivo final de que "nos hagan caso".

En Wikipedia se dice que la publicidad es "una técnica de comunicación masiva, destinada a difundir o informar al público sobre un bien o servicio a través de los medios de comunicación con el objetivo de motivar a quienes la reciban, hacia una acción de consumo".

Una definición que suena un poco "tendenciosa e interesada". Parecería que la publicidad es sólo comunicación masiva para promover productos de consumo masivo. Y probablemente, si se indagara más, nos encontraríamos con que para muchos es fundamentalmente una técnica para "engañar". Incitar a la compra de productos malos que sirven para muy poco y que tienen una duración muy corta. ¡Esto no debe ser así!

Por tanto, cualquier información que, desde una empresa o institución, o incluso que emita una persona física, que tenga el objetivo de convencer de algo a terceros, debería considerarse una acción de publicidad.

Desde una tarjeta de visita o un anuncio a una factura, pasando por cartas con ofertas técnicas o memorias o balances, todos deben ser considerados publicidad. Porque todos coinciden en el mismo objetivo: hacer que lo que se ofrece sea aceptado, se produzca el intercambio y se fidelice al usuario.

Pero hay dos aspectos de la publicidad que la condicionan y no muchos tienen en cuenta.

4.3.-Fondo vs. Forma

Siempre ha habido una confusión con la comunicación y, más aún, con la publicidad.

El mecanismo es que un "Emisor" crea un "Mensaje" que envía a través de un "Medio" determinado a uno o muchos "Receptores". Si se trata de un mensaje que solo pretende comunicar, el objetivo es asegurarse que quien lo reciba se entera de lo que se quiere transmitir. En el caso de la "Publicidad" hace falta algo más. Que el Receptor lo reciba, lo vea, lo interprete como quien lo ha emitido pretende y actúe como se le propone. Comprar un producto, contratar un servicio, actuar como se le propone, votar a un partido, abrazar una religión, apreciar a una persona, etc.

Como se ha dicho el segundo objetivo es mucho más complejo que el primero; porque su eficacia se tiene que reflejar en resultados concretos que afectarán al Emisor.

Desde las señales de humo a los e-mails o WhastApp la eficacia y velocidad para que el mensaje llegue ha evolucionado de forma inimaginable, especialmente en este Siglo XXI.

4.4.- *¡Un mensaje simple!*

Como se ha dicho, vivimos en un mundo sobre-comunicado, en el que la mente de los clientes recibe tanta información que terminamos creando barreras para impedir su llegada.

Los clientes están bombardeados permanentemente por información sobre productos, servicios, empresas, instituciones, partidos políticos; que les quieren vender algo. Por tanto, no están dispuestos a dedicar tiempo a entender o interpretar lo que se les quiere decir. Si no entienden el mensaje a la primera, no le prestan atención. Es como los vuelos sobrevendidos, en los que si llegamos tarde nos dicen que por "overbooking" nos hemos quedado sin plaza.

Y, si cuando quieren "comprar", nuestros mensajes les resultan confusos compran a otro. Un gran problema es la complicación innecesaria, vivimos en un mundo en el que "si no es complicado, no parece interesante". El problema lo tienen siempre los que emiten el mensaje, pues si quienes los reciben no se sienten atraídos podrán elegir entre otras alternativas.

A los directivos que ofrecen productos y a quienes elaboran sus mensajes les atrae más la sofisticación que la eficacia. Están convencidos de que su producto, servicio, empresa, institución, lugar o ellos mismos, son tan importantes que hace falta explicarlos de forma rimbombante; por tanto, complican innecesariamente el mensaje.

Cuando se habla de productos o servicios relacionados con tecnología es aún peor. A los técnicos les encanta hablar de su tecnología usando un lenguaje profesional. Por el contrario, a los clientes potenciales les interesa la aplicación contada en un lenguaje coloquial.

Así pues, el primer problema que hay que resolver es que nuestro mensaje llegue, se entienda y penetre en las mentes a las que va dirigido. Volviendo a lo que ya se ha dicho varias veces, la clave para lograrlo es usar el medio adecuado, en el momento oportuno y con un contenido entendible e interpretable. Cuando el destinatario no entiende, no lo deja llegar.

Por tanto, nuestra solución a este primer problema: ¡Un mensaje simple! Y otra vez el sentido común será la clave.

4.5.- *¡Un mensaje que encaje en las percepciones!*

El segundo problema a tener en cuenta es que las mentes nunca están en blanco. Hay informaciones anteriores, consecuencia de información recibida y experiencias propias que las han estructurado y resulta que la mente es selectiva.

Si el mensaje llega, pero no encaja con las percepciones allí almacenadas, es rechazado automáticamente, porque la mente lo considera falso o erróneo. Es decir, una vez que el mensaje ha llegado y ha sido entendido todavía es necesario que encaje en las percepciones existentes en la mente de quien lo recibe. Si la información contradice a la ya existente en la mente, es rechazada.

Aunque se volverá a mencionar después esto es algo que a los ejecutivos les cuesta entender. Tomemos como ejemplo el caso de España y algunos complejos que tenemos los españoles en relación a nuestros estereotipos. Para los extranjeros la siesta, la fiesta y el disfrutar de la vida es propio de los españoles. Así que, si enviamos mensajes diciendo que los españoles destacamos por dedicación laboral, prudencia o seriedad de carácter la reacción es que no serán aceptados; porque esa no es la imagen que tienen de nosotros. Lo práctico es "darle la vuelta" y coincidiendo con lo que haya en la mente de los clientes que pueda no ser favorable, positivizarlo. No es fácil; pero es lo único práctico. Por ejemplo, "Los españoles; ¿Dormimos la siesta? ¡Pues sí! Por qué así podemos trabajar hasta tarde y luego bebernos unas copas con nuestros amigos, vamos de fiesta todos los días"

Sería difícil vender un televisor "con la última tecnología" que se fabricara en un país africano poco desarrollado por una empresa local. Aunque sus promotores hubieran tenido los recursos económicos para comprar las últimas tecnologías, contratar a los mejores técnicos y hacerse asesorar por las mejores consultoras globales, pocos creerían que esos televisores fabricados en países poco desarrollados, pudieran ser mejores que los japoneses, coreanos o alemanes.

Para concluir, y tratar de condensar lo importante a tener en cuenta para resolver los dos problemas mencionados, estas son las condiciones que debe cumplir un mensaje:

- *Simple*: fácil de entender
- *Obvio*: que no requiera explicación
- *Útil*: que sirva para quien lo recibe
- *Atractivo*: incluso más atractivo que los otros muchos que reciben
- *Oportuno*: en el momento adecuado
- *Eficaz*: enviado por el medio adecuado.
- *Qué encaje* en las percepciones del receptor.

Otra vez aspectos fáciles de entender, pero difíciles de aplicar.

La publicidad no es para gustar. Es para "vender". La International Advertising Association publicaba todos los años un anuncio que decía en letras grandes: "Cuando la publicidad cumple con su trabajo, millones de personas conservan el suyo". Luego, agregaba: "Cada vez que un anuncio despierta el interés suficiente entre los consumidores para que se produzca una compra, ayuda a que la empresa se mantenerse fuerte". Una muy buena recomendación que conviene tener siempre presente.

4.6.-*La marca. ¡El primer mensaje!*

El primer mensaje que se suele recibir cuando alguien intenta influirnos de alguna manera, es una referencia que ya en casi todos los entornos se reconoce como "la marca". En Cap. 6 se ha hablado de este concepto, aunque en este punto se quiere enfatizar su importancia, por el hecho de que es la referencia principal que relaciona al oferente con los demandantes.

Como se ha dicho antes, la "marca" es un ser ideal que necesita de una mente que la conozca para poder existir. Es un "constructo"; es decir una categoría descriptiva con la que cada individuo organiza datos y experiencias de su mundo; que tiene estructurados en su mente.

Esto significa que quien ofrece algo es quien tiene crear su "constructo" en la mente de quienes puedan estar interesados. Deberá relacionarse con unos atributos y valores propios que generen al usuario unos beneficios que cada uno va a valorar a su manera.

Así pues, la "marca" no es una herramienta complementaria de la estrategia empresarial es tanto o más importante que el "producto" en sí mismo. Sin una "marca" de referencia en producto "no existirá" en la mente de los posibles usuarios porque no le conocen y si "no lo conozco", no existirá para mi...

4.7.- *¿Nombre ó Logo?*

Como se ha dicho antes (Ver Cap. 6), la marca es la "percha" de la que uno "se cuelga" en la mente de los demás.

A pesar de todo cuando se pregunta. ¿Qué tiene más fuerza la vista o el oído? La mayoría se inclina "a priori" por la vista. Un convencionalismo demasiado corriente entre la gente de empresas. Se invierte mucho en diseño y poco en estrategia. Tal vez una de las razones sea la famosa frase de Confucio: "Una imagen vale más que mil palabras". Pero, todos los éxitos empresariales, y los proyectos de posicionamiento que han ayudado a alcanzarlos, se han basado fundamentalmente en palabras. ¿Qué sería del ahora famoso logo conocido por "swoosh" si la palabra NIKE no hubiera existido primero? ¿Cómo pedir un par de zapatillas sin utilizar la palabra?

La "marca" se materializa por símbolos, elementos materiales que, por convención o asociación, se consideran representativo de una cosa real, una entidad, una idea de una cierta condición. Pero, es el nombre el que permite que los interesados identifiquen un "producto", y el logotipo su expresión gráfica que refuerza el recuerdo.

No nos equivoquemos, el orden es siempre el mismo. Primero un buen producto o servicio, luego una palabra simple para pedirlo y, finalmente, un símbolo gráfico para hacerlo atractivo y facilitar el recuerdo. Otro orden no funciona ¿Cuántos logos se identifican en cuanto se les quita la marca? Pocos. ¿Cuántos productos o servicios se identifican con un nombre? Todos.

Conviene mencionar que, en demasiadas ocasiones, el logotipo se pretende utilizar como identificador único de la marca. El símbolo NIKE, el arco dorado de McDonald's, la estrella de Mercedes-Benz, identifican perfectamente los productos. Sin embargo, el nombre es imprescindible para pedir o recomendar una marca determinada. Es por eso que está muy claro que una marca pueda construirse y permanecer sin un logo agraciado; pero no puede hacerlo sin una palabra, el nombre que necesariamente habrá que utilizará para referirse a ella. ZARA es un buen ejemplo, no tiene logo solo el nombre.

Por su importancia, la decisión y creación del nombre de marca es una decisión importante que condiciona la estrategia. La característica de decisión estratégica viene dada por ser el nombre una variable más a largo plazo, incluso "para siempre" y más permanente que la mayoría de los otros elementos que componen la imagen de los productos o la empresa.

A pesar de esta evidencia muchos responsables de comunicación son "verbofobos", se dejan deslumbrar por los diseños y los colores y se olvidan de lo más importante para garantizar la comunicación y facilitar la venta; las palabras clave que transmiten esa "promesa de un beneficio" mayor que el que ofrecen los competidores.

Así pues, habrá que tener cuidado con los diseños sin contenido. La mente de los clientes funciona fundamentalmente por el oído. El famoso "boca a boca" lo certifica. Eso sí, palabras simples, que el cliente potencial entienda, que diferencien, que sean competitivas, que sean internacionales.

La decisión del nombre es trascendental a nivel estratégico. Su selección es pieza clave en el proceso, y parte consubstancial del mismo.

Antes, cuando había menos productos y el volumen de comunicación era mucho menor, el nombre tenía menos importancia. Hoy un nombre trivial, que no transmita un concepto, no tiene fuerza para hacer mella en unas mentes "sobrecomunicadas".

El nombre debe iniciar el proceso de posicionamiento en la mente. Un nombre descriptivo, fuerte y de corte genérico, impedirá que los competidores segundones penetren en el terreno propio. Un buen nombre es el mejor seguro para el éxito prolongado. Por ejemplo, un acierto del diario EL MUNDO de España fue su nombre que lo hacía "más grande" que su competidor directo, EL PAIS, el líder ya implantado. El "mundo" siempre será más grande que un "país", aunque no aprovecharon esta "diferencia"...

Sin duda, la selección del nombre merece todo el tiempo y dinero que se le dedique. Especialmente en un mercado global que obligará, tarde o temprano, a promocionarlo en otros idiomas. "LEXUS" para un automóvil, se vincula a "lujo" en casi todos los idiomas de los países desarrollados. Por el contrario "Panda" para un software antivirus es muy malo (los osos panda no hacen daño a nadie, ni a los malos...)

Cómo encontrar un buen nombre

No puede ser una decisión apresurada y frívola.

La mayoría de los especialistas en buscar nombres, utilizan un ordenador como herramienta básica. Con él mezclan y unen sílabas y palabras. (O revisan listados de nombres propios que puedan tener alguna relación con el "individuo" al que quieren bautizar.)

Sin duda este método engendra una larga lista para escoger; aunque a menudo el nombre adecuado para una estrategia de marca eficaz, no aparece en ella. Por tanto, puede ocurrir que no sólo no aporte nada al proceso de posicionamiento; sino que interfiera en él.

Hay que buscar un nombre, simple y lo más genérico posible, que refuerce el posicionamiento. El nombre debe encajar con la estrategia competitiva que surgirá de la idea de posicionamiento, para que actúe sobre la memoria de los individuos con un efecto multiplicador.

El mejor es el que explica con claridad el producto o el servicio o quién es el que lo ofrece. Telefónica, en España o General Electric en USA o Air France en Francia, por ejemplo, lo han sido.

Ahora bien, una pregunta lógica y apropiada en este caso: ¿qué hacer cuando el nombre ya existe y es reconocido? ¿Se puede rebautizar el producto, la empresa, el lugar si su nombre es referente de la marca?

En primer lugar, cuando se trata de un "producto" o empresa que tiene una larga trayectoria y su nombre está "marcado" en muchas mentes hay que tener mucho cuidado. Cambiarlo puede significar una especie de "traición" para los que lo reconocen y valoran.

"Instalar" un nombre el que sea, nuevo o existente, implica paciencia, coraje; pero, sobre todo, habilidad para penetrar en la mente de los "clientes" y permanecer allí en una posición diferencial y preferente. Es una apuesta de largo plazo.

Las reglas para elegir un buen nombre

Realmente el nombre, como dijimos en el Cap. 6, es la palabra que designa o identifica seres animados o inanimados; puede ser genérico (casa, perro, mujer, etc.) o propio (Lassie, Ronald Reagan, Casa Blanca etc.) En el caso del Principio KICS el nombre juega un papel fundamental porque como se ha dicho puede ser una ayuda, una carga o ser intrascendente. Así pues, si se tiene la oportunidad de crear un nuevo nombre para el "ser" o "ente" que se quiere promocionar he aquí ocho reglas útiles:

i. **Debe Comenzar el Proceso de Comunicación**: Su mención es, por si sola una referencia diferenciadora. Telepizza en cualquier idioma significa "pizza en casa". Microsoft es una empresa de software. Lexus para un automóvil, suena a alta gama en muchos idiomas.

ii. **Agradable al Oído:** Si es eufónico pensamos que será mejor. Si nos hablan de dos candidatos para ocupar un cargo y uno se llama Hermenegildo y el otro Juan, seguramente el segundo tendrá ventajas.

iii. **Fácil de Recordar:** Fácil de recordar significa que sea eufónico, corto y que se relaciones con el contexto. Cuidado con las iniciales, para que sean recordables antes han tenido que hacerse famosas las palabras que la componen, muchos sabemos quién era JFK porqué John Fitzgerald Kennedy (1917-1963) fue famoso por eso sabemos que significan sus iniciales. Aunque decimos HP muchos pensamos "Hewlett Packard" cuando necesitamos una impresora.

iv. **Amplio:** Debe contener el concepto que se quiere transmitir. Pizza Hut, cabaña de la pizza, nos avisa claramente qué nos darán de comer si vamos.

v. **Concentrado:** Hay que dejar fuera no que no es. Así para alguien que lleva la pizza casa es mucho mejor Telepizza que Pizza Hut.

vi. **Ascenso en la categoría:** Es importante que ayude a vincularse a productos o empresas de mayor prestigio. Esto es muy útil para empresas relativamente pequeñas de países cuyo "Made in ..." les añade valor en su especialidad. Por ejemplo, Japón para robótica, USA para informática, Alemania para equipos industriales o Francia para alta costura.

vii. **Previsión de futuro:** Debe entenderse hoy; pero debe, también, tener en cuenta posibles cambios futuros. Este aspecto es importante en productos tecnológicos. Telefónica tiene este problema, hoy más que telefonía es telecomunicaciones a lo que se dedica.

viii. **Global:** Hay que prever el éxito y cuidar que no sea cacofónico u ajeno al sector en otros idiomas. Aunque ya lo mencionamos es un buen ejemplo. A la empresa de software creadora de antivirus la fundaron un grupo de amigos, una "panda", que decimos en español. Pero tuvieron éxito internacional y buscaron la imagen que tuviera sentido en otros idiomas, por eso el Oso Panda en su logo. El problema, como explicamos antes, es que estos animales no son agresivos esto les crea problemas para mantener su hueco. Especialmente ahora que les ha salido Karpesky, un antivirus ruso con nombre de ajedrecista que tiene una imagen más agresiva y por eso le va mejor.

Aviso: Recuérdelo, el nombre no se puede elegir a la ligera, es un arma táctica de alto valor estratégico.

4.8.-*Las Relaciones Públicas*

¿Publicidad ó Relaciones Públicas?

Esta diferencia definida por muchos es precisamente lo que se debe evitar.

En realidad, cuando se habla de publicidad, la mayoría piensa en lo convencional, es decir en la realización de anuncios, soportes audiovisuales a través de los que se transmite un mensaje publicitario.

Pero Relaciones Públicas, RR.PP., es más o menos lo mismo. Recurriendo otra vez al diccionario de la RAE, se define este concepto como "la actividad profesional cuyo fin es, mediante gestiones personales o con el empleo de las técnicas de difusión y comunicación, informar sobre personas, empresas, instituciones, etc., tratando de prestigiarlas y de captar voluntades a su favor".

Las relaciones públicas es una actividad vinculada a la publicidad que todavía busca su consolidación.

Un problema es que la mayoría de los programas de RRPP que se llevan a cabo no se relacionan directamente con objetivos de posicionamiento. Se trata más de "apariciones en prensa" y que se miden de la misma forma que las compras de carne en el supermercado; por kilo. La forma en que se mide su calidad en Francia se conoce por "avoir du poids" ("por peso"). Se ordenan los artículos publicados y se distribuyen entre los principales ejecutivos de la empresa, antes en papel ahora en soporte digital incluyendo vídeo y audio Se editan también cintas de audio y vídeo con lo transmitido por radio y televisión. El contenido es, en general, irrelevante. Lo que cuenta es el peso. Los directivos que reciben los paquetes de lo publicado no le prestan demasiada atención al contenido. Si el informe es voluminoso y cumple con un peso mínimo, el trabajo se califica como "bien hecho".

Sin embargo, un informe de relaciones públicas puede ser muy ligero de peso y muy cargado de efectividad, si cada aparición en la prensa apoya y refuerza el posicionamiento al que se aspira.

Las RRPP son difíciles de medir, sus resultados son más bien indirectos.

Es importante no olvidar que el posicionamiento es esencialmente una estrategia "en contra de". Es decir, normalmente se posiciona una empresa, un producto, un servicio en contra de otro, con el cual se compite.

Y como bien sabe cualquier comunicador, no es noticia hablar de "a quién se apoya". Lo que genera de verdad noticias es "contra quién se está". Es lo que ha hecho tan populares a las tertulias en TV y radio y, en general, a los comentaristas políticos en todas partes. Se desmenuzan y critican lo que hacen los políticos o los personajes públicos. Lo que importa es estar "en contra". El problema es cuando se pasan de chabacanos y se enfrentan a todo, esto les convierte en predecibles, pierden el valor como noticia y la gente deja de escucharlos. Se vuelven "invisibles".

Como señalaba el famoso y polémico periodista que cubrió el Watergate, Daniel Schorr (1916-2010): "En esta sociedad de comunicaciones masivas, quien no exista en los medios no existe a efectos políticos".

Ir en contra de una idea o concepto (no necesariamente en contra de una persona física o jurídica), es un valor que puede transformarse en noticia.

Los periodistas promueven las controversias. Los lectores, oyentes y televidentes las disfrutan muchísimo. La controversia es una herramienta que puede llevar el mensaje a la mente de los clientes y prescriptores. Nunca hay que tener miedo de explotarla. David Ogilvy (1911-1999), reconocido "gurú" de la publicidad, lo dijo alguna vez: "Aproximadamente un artículo se lee seis veces más que un anuncio. Los periodistas comunican mejor que los publicistas".

Hasta ahora, sin embargo, ha habido muchos planes de RRPP que no han sido nada eficaces desde el punto de vista de la Competencia Competitiva. Es fácil comprender por qué. En relaciones públicas la falta inherente de control en lo que se imprime o se dice sobre uno mismo da lugar a una pérdida de dirección. Como solía decir un maduro experto en el tema: "Publicidad es algo que pagas. Relaciones públicas es algo que suplicas".

Para que el posicionamiento funcione en RRPP, hay que hacer énfasis en un cambio fundamental, pasar de que "el nombre aparezca en el papel" a alcanzar objetivos de competitividad. (Hay muchas empresas -y personas- importantes que en lugar de más lo que necesitan es menos exposición. Pero mejor orientada).

En RRPP el anonimato es un recurso. Un recurso que puede ser despilfarrado fácilmente con demasiada promoción. Una compañía desconocida, con un producto desconocido, tiene mucho más que ganar con las relaciones públicas que una vieja empresa con un producto establecido. Alguien dijo una vez: "Nunca hay una segunda oportunidad de causar una buena primera impresión".

La comunicación interesada, es decir la publicidad, es como la comida. Nada satisface mejor el apetito que una comida copiosa, o sea, con un presupuesto abultado se logran más cosas que con uno reducido.

Las RRPP son otra cosa. También se trabaja más cómodo con recursos abundantes; pero se pueden lograr mejores resultados con recursos limitados.

Ahora bien, nada anula el potencial de las RRPP para un producto tanto como el ser apresurados ó una aparición en los medios sin ninguna orientación.

Una presentación mal planeada, a destiempo, debilita el potencial publicitario de cualquier producto o concepto nuevos.

La regla general es: relaciones públicas primero; publicidad después. (Las RRPP plantan la semilla. La publicidad ayuda a cosechar el fruto).

La realidad es que la publicidad no puede iniciar un incendio. Sólo puede avivar el fuego una vez que se haya iniciado. Para crear algo de la nada hacen falta avales de terceros, y estos son los que van implícitos en acciones de RRPP.

Cuando se utiliza el posicionamiento como una estrategia básica de publicidad, resulta lógico y natural aplicar esa misma estrategia a las relaciones públicas. Especialmente porque éstas tienen que preceder a la publicidad.

Lo que hace falta es un cambio básico en la planificación de los programas de RRPP y de publicidad. El diseño de programas debería basarse en criterios lineales (con análisis de secuencia y continuidad) más que dimensionales (kilos de artículos o dinero disponible).

En un programa dimensional todos los elementos se inician juntos, pero en distintos entornos (relaciones públicas, publicidad, promociones, etc.). Es la forma típica en la que se conciben casi todos los programas. Un "estallido", por llamarlo de alguna forma. Pero cuando se "disipa el humo", cuando la excitación del lanzamiento se calma, en general nada habrá cambiado. La actitud de los clientes potenciales es la misma que antes.

En un programa lineal, en cambio, las acciones se van produciendo a lo largo de un período de tiempo. Esto es lo que se propone en este Plan. Se debe buscar la ventaja de que pueden apoyarse y reforzarse entre sí. Es un desarrollo gradual que termina provocando un gran cambio en la mente de los clientes potenciales.

Más que cualquier otra cosa, para que el posicionamiento tenga éxito debe ser "consecuente". Hay que mantenerlo año tras año. Es una apuesta a largo plazo. Un programa lineal ayuda a conseguir esa secuencia. El desarrollo gradual de una idea o un concepto da el tiempo suficiente para que pueda madurar adecuadamente la parte del programa correspondiente a las relaciones públicas

Ahora bien, además de definir la estrategia y determinar los mensajes, algo fundamental es a quien se van a dirigir.

4.9.-*Cuidado con las nuevas herramientas*
(La "Info-Indigestión")

La búsqueda de lo obvio requiere mucha claridad de pensamiento. Y en un mundo tan conectado como el de hoy es cada vez más difícil pensar con claridad.

William James (1842- 1910), renombrado psicólogo y filósofo, acuñó una frase muy adecuada a la situación: "El arte de ser sabio es el arte de saber qué hay que pasar por alto".

La complejidad en el mundo de los negocios se alimenta de la siempre creciente cantidad de información que se transporta de un lado a otro en tantas formas como Silicon Valley es capaz de inventar. No hay escape para lo que el periodista David Shenk describió en su libro *Niebla de Datos* (Data Smog), (Editorial Harper Collins, 1997) como la "masiva suciedad de la era de la información".

Actualmente, el procesamiento de información representa, de una forma u otra, la mitad del producto bruto nacional de muchos países. Y, lamentablemente, gran parte de esta información termina en papeles que alguien debe leer. Este es un dato que asusta; se espera que los directivos de las empresas de hoy lean un millón de palabras por semana. ¿Quién puede tomarse el tiempo para leerlas? ¿Quién será capaz de recordarlas?

La era de la información comenzó con el primer ordenador, que tenía un tamaño parecido al de una habitación. Hoy tenemos máquinas con mucha más capacidad que pueden ser portátiles, de bolsillo, del tamaño de un dedo... lo que se quiera. Y todas ellas están ahí dando vueltas produciendo información que no ayuda realmente a resolver las cosas, más bien las complica.

Peter Drucker (1909-2005) coincide. Dice: "Es posible que la informática haya tenido una influencia negativa haciendo que los directores estén más enfocados hacia el interior. Los ejecutivos están tan encantados con los datos internos que reciben en su pantalla – y eso es todo lo que reciben hasta ahora – en su mayor parte – que no tienen ni las ganas ni el tiempo para el mundo exterior. Sin embargo, los ingresos y beneficios están solamente en el exterior. Cada vez hay menos directivos bien informados (sobre el mundo exterior)."

Apoyando la observación de Drucker, un estudio hecho en Australia indica que la mente humana sólo puede procesar cuatro variables a la vez. Una vez que se excede ese número, la mente queda en "blanco" y hay que comenzar de nuevo. Hoy las tecnologías de la comunicación modernas tienden a generar más variables de las que podemos manejar.

No es sorprendente que el diario USA Today haya publicado un artículo titulado "Boomer Brain Meltdown" (El Boom de los Cerebros Fundidos), que describe como esta generación se enfrenta a pérdidas de memoria cada vez más frecuentes. De acuerdo con el artículo, algunos creen que la edad no es la causa principal de la pérdida de memoria. Es la sobrecarga de información. Su premisa es que nuestras mentes son como la memoria de una computadora y nuestros discos están llenos.

Vamos a la situación. Antiguamente, todo lo que había que recordar era nuestro número de teléfono y nuestra dirección. Hoy, además del número del teléfono fijo hay que saber el PIN del teléfono celular, el del PC, también el código de la alarma antirrobo de la casa, los códigos de las tarjetas de crédito, los PIN para los cajeros automáticos, los números y el código de la tarjeta de viajero frecuente de una compañía aérea, etc., etc. Los dígitos están desplazando a las palabras.

Algunas personas hasta creen que la sobrecarga de información se transformará en un problema médico. Leonard Riggio (1941), CEO y socio principal de la primera cadena de librerías de EE.UU., Barnes & Noble, avisa de que en este siglo XXI, la gente tomará píldoras para vaciar sus mentes. "Perder ideas y olvidar será el equivalente de bajar kilos y hacer dieta," dice el Sr. Riggio.

Está en camino a lo que Jeffrey Haas, presidente de Haas Internet Science (Sydney, Australia), llamó "Info-manía", una enfermedad que puede vaciar nuestros cerebros.

Haas escribió sobre un estudio británico que observó que el uso diario excesivo de tecnología como teléfonos celulares, e-mails y mensajes sms puede distraer la atención y ser más dañinos para la agudeza mental que fumar marihuana.

El Instituto de Psiquiatría de la Universidad de Londres llevó a cabo ensayos clínicos con oficinistas voluntarios para medir como el flujo constante de mensajes e información afecta la habilidad de una persona para enfocarse en la resolución de problemas.

Los participantes trabajaron primero en un ambiente tranquilo y luego fueron inundados con e-mails, mensajes sms y llamadas a sus teléfonos móviles. Aunque se les indicó que no respondieran los mensajes, los investigadores descubrieron que su centro de atención fue afectado de forma muy significativa.

En lugar de estimular la productividad, la constante corriente de datos redujo seriamente su habilidad para concentrarse. El estudio demostró que el coeficiente intelectual de un trabajador promedio cae diez puntos al distraerse con los teléfonos sonando y el correo electrónico entrando. Resultado, más de dos veces superior a la caída de cuatro puntos del CI reflejada en un estudio realizado en 2002 en Carleton University (Canadá) por el impacto de fumar marihuana. Es decir, el exceso de información es peor que la droga...

4.10.-*Lo último; pero fundamental: un mensaje único y sostenido*

Probablemente sea este uno de los errores más comunes de las grandes corporaciones en el mundo actual. No hay coordinación ni coherencia en la información que se emite desde la empresa o institución.

Una de las razones de que estas cosas ocurran, vuelve a ser lo que se ha comentado antes con relación a la confusión que existe con la palabra "publicidad".

Un problema similar ocurre con la disciplina empresarial que incluye como una herramienta a la publicidad. Se trata del marketing.

En realidad, es un concepto que gracias a los esfuerzos interesados de muchos aprovechados ha generado una enorme confusión y desconfianza en el mundo empresarial. Probablemente una de las definiciones más acertadas del marketing, consecuencia de las malas percepciones que sus responsables han creado desde su "descubrimiento", la ha dado el filósofo y escritor uruguayo Eduardo Galeano ((1940) en uno de sus libros, todos muy críticos con el estilo de vida consumista de nuestros días. Define el marketing como "aquello que nos enseña a aceptar el dominio del más fuerte, a confundir la personalidad con un automóvil, la dignidad con un cigarrillo y, a veces, la felicidad, con una salchicha".

Así como la publicad para muchos es información masiva para productos masivos con intenciones "non santas", el marketing es visto como esa especialidad que existe entre las empresas para engatusar a los clientes.

Volviendo a ser estrictos y recurriendo nuevamente a la RAE la definición es: ***Marketing.*** (Voz inglesa). m. mercadotecnia

Y si consultamos: ***Mercadotecnia.*** (De mercado y -tecnia).

1. f. Conjunto de principios y prácticas que buscan el aumento del comercio, especialmente de la demanda.
2. f. Estudio de los procedimientos y recursos tendentes a este fin.

Si tomamos la primera acepción, se podría decir de otra manera que lo que hace el marketing es ayudar a que un producto o una propuesta sea "comprada" por aquellos a quien queremos atraer.

A partir de esta forma de expresarlo, hay una palabra en español que también lo expresa así; Comercializar**.**

1. tr. Dar a un producto condiciones y vías de distribución para su venta.
2. tr. Poner a la venta un producto. Van a comercializar una nueva marca de café.

Probablemente, uno de los problemas del marketing sea que en español no necesitábamos la creación de ese término.

Dicho de una manera simple, sencilla y directa, podríamos expresarlo como: "Todo lo que hay que hacer para que la venta o el intercambio se produzca".

Dado que las empresas y las instituciones son sistemas "holísticos", lo más importante es poner al sistema a trabajar en una dirección única. De ahí, y para terminar, que se considere absolutamente imprescindible que la idea diferenciadora surgida de un proyecto de posicionamiento estratégico competitivo sea una sola y sea el referente único de toda la comunicación/publicidad que se emita.

Muchas empresas cambian cada año el "lei motiv" de su comunicación, bien en su comunicación masiva o en la memoria y balance. Precisamente se debe hacer lo contrario, mantenerlo. Eso sí actualizarlo y adecuarlo, pero mantener el concepto fundamental. Revisando la lista de las Marcas Top 100 de Interbrand, las cien marcas más valiosas del mundo según esta consultora, se ve con claridad que son todas ellas marcas que han mantenido un concepto único y claro muchos años, aunque puedan haberlo expresado con matices diferentes.

Independientemente de que los mensajes surjan de la presidencia, la dirección general, cualquier dirección ejecutiva, incluyendo por su puesto a las direcciones de marketing, comercial, comunicación, relaciones públicas, relaciones institucionales, ventas (cualquiera que sea el número de direcciones y la forma en que los llamen), siempre debe ser:

¡Un mensaje simple, claro, que conecte, competitivo, único y sostenido!

Epílogo

Como dijimos al principio, este libro es una recopilación muy condensada de casi treinta años de experiencia, en los que hemos tratado de "evangelizar" sobre algo tan simple y de sentido común como es el "posicionamiento", el concepto principal del Principio KICS.

Es decir, que para ser realmente competitivos hacen falta dos cosas: un producto que alcance, o supere, el umbral de calidad esperado y una imagen diferenciada y más atractiva, en la mente de los clientes; que la de los competidores, soportada por una marca. Una cosa no funciona sin la otra.

No verlo es sufrir de esa miopía que limita la competitividad, porque no nos deja ver más allá de la eficacia operativa y la productividad. Se ha pretendido ofrecer un antídoto para esa miopía, esperamos que haya sido eficaz...

Hemos contado con una ventaja importante. Estos treinta años trabajamos mano a mano con Jack Trout, el padre del posicionamiento y probablemente el estratega más simple, práctico y eficaz del mundo.

Algo tan elemental como que "las decisiones se toman en la mente de los clientes" es lo que Jack predicaba desde 1969 y hay que gente que todavía no lo ha entendido. Muchos siguen creyendo —Michael Porter es uno de ellos— que los clientes tomarán su decisión en función de los criterios objetivos que correspondan y, por tanto, se inclinarán por el producto que cumpla mejor las especificaciones técnicas fundamentales. ¡No es así!

Los criterios que priman son siempre los subjetivos y los clientes tienen los suyos propios, que son los válidos y hay que respetarlos. Repetimos, en un mercado, el mejor producto es el que más clientes consideren el "mejor".

Estimado lector, esperamos que el libro le haya parecido entretenido y útil, y que su contenido sea lo suficientemente claro y simple para transmitir los conceptos y la metodología que proponemos para el Principio KICS.

Ahora el trabajo es suyo. Si después de leerlo, se ha quedado preocupado pensando que tiene cosas que ajustar para mejorar su competitividad en lo profesional y también en lo personal, nos damos por satisfechos, en realidad ese es nuestro principal objetivo.

Le toca a usted encontrar su estrategia competitiva particular. Pero tenga presente que, además de habilidad, necesitará, como los generales en la guerra, mucha imaginación, arrojo y también algo de suerte.

Y si es creyente, rezar un poco no le va a venir mal...

Bibliografía

CLAUSEWITZ, K. Von. (1834): *On War.*

DRUCKER, P. (1956): *The practice of Management,* Ed. Scott Foresman, Glenview, Illinois.

GOLEMAN, D. (1992): *Inteligencia Emocional,* Ed. Kairós, Madrid.

KOTLER, PH. (1992): *Dirección de Marketing,* Ed. Prentice-Hall, Barcelona.

LEVITT, T. (1960) "Marketing Myopia": *Harvard Business Review.*

PASSIKOFF, Robert (2007) *Predicting Market Success*; Publisher Wiley; NY

PASSIKOFF, Robert y SHEA, Amy (2008) *The Certainty Principle: How to Guarantee Brand Profits in the Consumer Engagement Marketplace,* Publisher AutorHouse, New York

PERALBA, R. (2001): Marketing Emocional, *ESIC.Market,* Nº 108, Ab./2001, Madrid, Pags. 93 a 106.

PERALBA, R. et al. (2005): *Leading Brands of Spain,* FMRE e ICEX, Madrid.

PERALBA, R. (2009): *El Posicionamiento de la Marca España,* Ed. Pirámide (Grupo Anaya)

PORTER, M. (1999): *Ser Competitivo,* Editorial Deusto: Barcelona.

TROUT, J. (1969): "Positioning is a game people play in today´s me-too marketplace", *Industrial Marketing,* Nueva York, Junio/69 (Revista que en la actualidad se publica con el nombre *B2B Marketing* y pertenece al grupo editorial de la revista *Adversiting Age* –EE.UU.)

TROUT, J. (1971): "Positioning revised: why didn't GE and RCA listen?" *Industrial Marketing,* Noviembre de 1971.

TROUT, J. y RIES, A. (1995): *Posicionamiento: la batalla por su mente,* Ed. McGraw-Hill Interamericana. de España, Madrid.

TROUT, J. y RIES, A. (1995): *Marketing de guerra,* Ed. McGraw-Hill Interam. de España, Madrid.

TROUT, J. y RIES, A. (1995): *Bottom-Up Marketing,* Ed. McGraw-Hill Interam. de España, Madrid.

TROUT, J. (2003): "El posicionamiento, la estrategia competitiva más eficaz", Seminario en Zurich (Suiza), organizado por Management Joint Trust – Junio/2003

TROUT, J. (2005): "Fixing the ad Industry", *Forbes*, Agosto 2005, N. York.

TROUT, J. y RIES, A. (1972): *The Positioning Era*, Advertising Age – Abril-Mayo, 1972.

TROUT, J. y RIVKIN, S (1996): *El Nuevo posicionamiento*, Ed. Mc Graw-Hill Interam. de España.

TROUT, J. y PERALBA, R. (2002): *Grandes marcas, grandes dificultades*, Ed. McGraw-Hill Interam. de España.

TROUT, J.; RIES, A. y PERALBA, R. (2004): *Las 22 leyes inmutables del marketing*, Ed.McGraw-Hill Interam. de España.

TROUT, J.; RIVKIN, S. y PERALBA, R. (2004): *El poder de lo simple*, Editorial McGraw-Hill Interam. de España.

TROUT, J. y PERALBA, R. (2005): *La Estrategia Según Trout,* Editorial McGraw-Hill Interam. de España.

TROUT, J.; RIVKIN, S. y PERALBA, R. (2009): *Diferenciarse o Morir-2,* Editorial Pirámide (Grupo Anaya)

TROUT, J. y PERALBA, R. (2009): *En busca de lo Obvio,* Ed. Pirámide (Grupo Anaya).

TROUT, J.; RIVKIN, S. y PERALBA, R. (2010): *Reposicionamiento;* Ed. Pirámide (Grupo Anaya)

El Autor (*)

Desde 1.995 es Socio Principal y Director de **Trout & Partners**, (Old Greenwich, CT, USA) y cofundador de la red de Consultoras en Estrategia Competitiva que creó Jack Trout.

En 2001 crea ***Positioning Systems***, la primera consultora europea especializada en *Posicionamiento & Ingeniería de Marca*.

En 2016 se incorpora como socio y miembro del comité ejecutivo del proyecto www.1785.es con el objetivo de promover España en España.

En 2020 Asociado a www.markentryusa.com , asesoramiento para empresas y emprendedores extranjeros en EE.UU.

Como CEO y consultor de empresas ha dirigido proyectos para grandes y pequeñas empresas e instituciones de distintos sectores en España, Unión Europea, Naciones Unidas (Org. Mundial de Turismo- OMT/WTO) Argentina, Colombia, Costa Rica, China, EE.UU., Holanda, Panamá, Polonia.

Autor de *El posicionamiento de la Marca España* (Ganador del XII Premio Ensayo 2009, Círculo de Empresarios, Madrid); *Grandes Marcas de España* (ICEX-FMRE; 2003-2005-2007). Es coautor de los diez libros de Jack Trout publicados en español; *Posicionamiento, Marketing de Guerra, Las 22 Leyes Inmutables del Marketing, El Poder de lo Simple, Diferenciarse o Morir, Grandes Marcas-Grandes Dificultades; En busca de lo Obvio, etc.*

Es Dr. en Ciencias Económicas y Empresariales.; Ingeniero Industrial, MBA; profesor y ponente habitual en escuelas de negocios y foros internacionales en Europa y Latinoamérica. Conferenciante de www.ThinkingHeads.com .

(*) Nota Aclaratoria: *Me presento con dos nombres siendo una sola persona. Peralba en latín significa "petra alba" (piedra blanca), que al Inglés se traduce "Whitestone" y Raúl se traduce "Ralph". La razón no es un problema de doble personalidad, es la aplicación del Principio KICS (Cap. 4). Un nombre anglosajón "vende" más, es decir compite mejor. Sea cual sea el nombre que le haya dado más confianza.*

¡Muchas gracias por comprar el libro!!!!!!!!!!!!!!!!!!

www.ingramcontent.com/pod-product-compliance
Lightning Source LLC
Chambersburg PA
CBHW072138170526
45158CB00004BA/1420